Helmut Frick

Gozo

Geschichten und Geschichte einer liebenswerten Insel

Helmut Frick

Gozo

Geschichten und Geschichte einer liebenswerten Insel

Bibliografische Information der Deutschen Nationalbibliothek

Die Deutsche Nationalbibliothek verzeichnet diese Publikation
in der Deutschen Nationalbiografie; detaillierte bibliografische
Daten sind im Internet über *http://dnb.d-nb.de* abrufbar.

Herstellung und Verlag:
Books on Demand GmbH, Norderstedt

ISBN 978-3-8370-8292-0

Inhalt

Zu diesem Buch

Ich, der Autor dieses Buches, bin kein Gozitaner. Jedenfalls kein richtiger. Vor mehr als zwanzig Jahren bin ich zum ersten Mal hier her gekommen. Damals hieß der Premierminister Maltas noch Dom Mintoff und suchte den eigenen, maltesischen Weg in den Sozialismus.

Seither, ich war regelmäßig mehrmals im Jahr hier, hat sich in Malta und auch auf Gozo viel verändert. Und ich habe diese Insel kennen und lieben gelernt, so sehr, dass im Laufe der Jahre der Wunsch heranwuchs, irgendwann einmal ganz hier zu leben.

Mit diesem Wunsch, und auch mit seiner Umsetzung, bin ich nicht ganz allein. Vor allem unter Engländern ist Gozo als Altersruhesitz recht beliebt, weil in Malta, als ehemaliger britischer Kolonie, doch einiges Britische überlebt hat. Die Unsitte, auf der linken Straßenseite zu fahren, wäre hier zu erwähnen, aber besonders natürlich die Tatsache, dass Englisch als zweite Amtssprache nach dem Maltesischen fortbesteht und Englisch auch von der überwiegenden Mehrheit der Bevölkerung gesprochen wird.

Wer, wie ich, auf der Suche nach einem warmen Plätzchen im Süden Europas nach Spanien oder Italien, nach Griechenland oder in die Türkei gekommen ist, wird dort als Deutscher in aller Regel Probleme mit der Landessprache bekommen haben. Ich will jetzt keinesfalls werten, in welchem dieser Länder man als fremdsprachlicher Ausländer mehr oder weniger über den Tisch gezogen wird. Sich aber sprachlich einigermaßen präzise verständigen zu können, ist allemal von Vorteil, sei es gegenüber Handwerkern, Behörden oder Kellnern.

Dass also hier in Gozo Englisch gesprochen wird, ist von Vorteil. Klima und Landschaft sind natürlich auch lobend zu erwähnen, obwohl man beides durchaus auch kritisieren kann. Im Winter ist es nämlich nasskalt und stürmisch und im Sommer heiß, wenngleich nicht ganz so heiß wie auf der Hauptinsel Malta. Und die Klippen und Berge formen zwar eine spektakuläre Küste, aber im Sommer ist das Land braungrau und vertrocknet, weil man seit mindestens zweitausend Jahren versäumt hat, die früher zweifellos vorhandenen Bäume wieder aufzuforsten.

Liebenswert aber sind vor allem die Gozitaner, die einheimischen Bewohner dieser Insel. Sie sind dem Ausländer gegenüber, selbst wenn er sich hier ganz niederlässt, freundlich und aufgeschlossen. Wohlgemerkt: dem Ausländer gegenüber. Malteser, also die von der Hauptinsel, kennen die Gozitaner als unhöflich und verschlossen, ja geradezu feindselig. Aber das hat zu tun mit einer traditionellen gegenseitigen Abneigung der Bewohner der beiden Inseln.

So bin ich also in Gozo hängen geblieben und habe mich im Laufe der Zeit intensiver und detaillierter mit der Insel, insbesondere mit ihrer Geschichte, auseinander gesetzt. Heute bin ich einer der Halbresidenten der Insel, die sich hier eingerichtet haben, die zwar nicht ausschließlich, aber doch einen gewissen Teil ihrer Zeit hier leben und die irgendwie zum Leben auf dieser Insel gehören.

-

Ich bin auch kein Geschichtswissenschaftler. Wenn ich also behaupte, ich habe mich mit der Geschichte Gozos beschäftigt, so geschah dies weniger auf wissenschaftlichem als vielmehr auf unterhaltsamem Niveau. Und so ist auch dieses Buch entstanden: irgendwann musste ich, um mir Alles zu merken, die Fakten und Vermutungen über Phönizier, Römer, Vandalen, Byzantiner und wer auch sonst noch die Insel heimgesucht hat, das Erlesene und Erfahrene einfach aufschreiben.

Weil aber trockene Fakten eher langweilig sind und weil es durchaus auch Lücken zumindest in meiner Kenntnis der gozitanischen Geschichte gibt, habe ich versucht, die Geschichte als Abfolge von Geschichten aufzuschreiben. Das ist zwar höchst unwissenschaftlich, macht aber Spaß.

Und weil ich auch selbst in all den Jahren auf Gozo mehr oder weniger nette Dinge erlebt habe, habe ich auch davon ein paar aufgeschrieben.

Sollten Sie, lieber Leser, so wie ich ein gewisses Interesse an meiner liebenswerten Insel Gozo gefunden haben, so lassen Sie sich von meinen Geschichten in die Geschichte Gozos entführen.

Die Phönizier in Gozo

Während der Jahrhunderte der Herrschaft des Johanniterordens und auch während des neunzehnten Jahrhunderts, in dem die Engländer Herren über Gozo und Malta waren, galt die einheimische Bevölkerung als arabisch. Ihre Sprache, die während all dieser Zeit unbeeinflusst von den jeweiligen Herren im einfachen Volk überlebt hat, war den im Maghreb und in Ägypten gebräuchlichen arabischen Dialekten ähnlich – und hat diese Herren nicht weiter interessiert.

In der ersten Hälfte des zwanzigsten Jahrhunderts kam es in Europa in Mode, über die Herkunft von Völkern nachzudenken, und arabischen, mithin semitischen Ursprungs zu sein, galt als unfein. Aus der Bemühung, die Malteser als ordentliche Europäer erscheinen zu lassen, entstand in dieser Zeit die Theorie, die maltesische Bevölkerung stamme nicht von Arabern ab, sondern reiche sehr viel tiefer in die Geschichte zurück und stamme direkt von phönizischen Vorfahren ab. Die Herkunft der Phönizier wiederum lag damals noch im Dunklen; man sah in ihnen einen verirrten arischen Stamm.

Ob nun die heutigen Gozitaner und Malteser direkt von Phöniziern oder aber von Arabern abstammen – diese historische Kontroverse dauert bis heute an – wird sich vermutlich nicht ganz zweifelsfrei klären lassen. Wir werden dieses Thema aber nochmals aufgreifen müssen, wenn wir uns mit der arabischen und islamischen Herrschaft über Malta zwischen 870 und 1090 beschäftigen werden.

Direkte Abstammung oder nicht, zweifelsfrei ist, dass die Phönizier hier waren und einige Jahrhunderte lang eine entscheidende Rolle gespielt haben, dass sie mindestens Niederlassungen, vermutlich sogar richtige Städte gegründet haben. Wer also waren diese Phönizier und was hatten sie hier zu suchen?

-

Man glaubt heute zu wissen, dass das phönizische Volk aus einem nomadisierenden Stamm hervor wuchs, der sich etwa in der Mitte des zweiten vorchristlichen Jahrtausends, aus den Tiefen des vorderen Asiens kommend, am nördlichen Ostufer des Mittelmeers, etwa auf dem

Staatsgebiet des heutigen Libanon, niederließ und dort sesshaft wurde. Sie gründeten Städte wie Byblos, Tyros und Sidon, die in der weiteren Geschichte wichtige Rollen spielen sollten.

Durch feindliche Völker im Hinterland und wohl auch durch die geografischen Gegebenheiten (das Libanongebirge bildet hier eine natürliche Barriere zwischen der Küstenregion und dem Hinterland) sahen sie sich gezwungen, sich dem Meer und der Seefahrt zuzuwenden.

Diese Aufgabe haben die Phönizier allerdings hervorragend gelöst. Mit Hilfe der Libanonzeder, eines sehr hoch und vor allem besonders gerade wachsenden Baumes, entwickelten sie einen Schiffstyp, dessen wesentliches Merkmal sein aus eben dieser Zeder gefertigter Kiel war. Mit diesen Kielschiffen waren sie, zumindest in der Geschichte des Mittelmeers, erstmals in der Lage „gegen den Wind" zu segeln. Natürlich nicht wirklich gegen den Wind. Das geht, wie jeder Segler weiß, auch heute noch nicht. Aber sie konnten „am Wind" segeln, also höher am Wind als Halbwind, vermutlich in einem Winkel von ca. 60 Grad gegen Wind.

Die Erfindung des Kiels und des Segelns am Wind bedeutete einen Technologiesprung, der denjenigen, die über diese Technik verfügten, einen ungeheuren Vorsprung gegenüber allen anderen Seefahrern verschaffte. Die seefahrenden Griechen vor ihnen hatten flache Schiffe, mit denen sie lediglich „vor dem Wind", also in Windrichtung, und vielleicht 60 Grad nach links oder nach rechts fahren konnten. Sie zogen, wenn möglich, ihre Schiffe nachts ans Ufer, und blies der Wind aus der falschen Richtung, konnten sie nur dort abwarten. Erwischten sie einen Windwechsel auf See, mussten sie zurück segeln. Nicht zuletzt deshalb hat Odysseus auch so lange gebraucht, um nach Hause zu kommen.

Auch die Ägypter mit ihren langen Papyrusbooten waren nicht weiter. Sie segelten entweder vor dem Wind nilaufwärts oder ließen sich, dann gegen den Wind, ohne Segel flussabwärts treiben. Um gegen den Wind zu segeln, hätte bei diesen ägyptischen Schiffen auch die Stabilität des Rumpfes vermutlich nicht ausgereicht. Für ihre Fahrten an der Mittelmeerküste entlang haben deshalb die Ägypter später kurzerhand phönizische Schiffe mitsamt Kapitän und Mannschaft gechartert.

So gesehen, kommt dem Kiel in der Seefahrt eine ähnliche Bedeutung zu wie der Erfindung des Rads an Land oder, erst viel später, der Erfindung des eisernen Schwerts, das nicht wie seine bronzenen Vorgänger nach jedem Hieb erst wieder gerade gebogen werden musste.

-

So fuhren also diese Phönizier zur See, verjagten alle ihre Konkurrenten vom Mittelmeer und hatten spätestens 800 vor Christus die weitgehende Seeherrschaft. Aus den Landnomaden waren letztlich Seenomaden geworden, die jetzt an allen Enden des Mittelmeers auftauchten, Handel trieben und im Laufe der Zeit vor allem im westlichen Mittelmeer Handelsniederlassungen gründeten.

Unterstützt wurde die phönizische Vorherrschaft auf See noch durch eine ganz clevere Informationspolitik: Schiffbau und vor allem auch die Kunst der Navigation wurden als Staatsgeheimnis behandelt. Kenntnisse aus diesem Bereich an Fremde weiterzugeben, war mithin Hochverrat und wurde entsprechend bestraft.

Und nicht nur das: was navigatorische Fakten betraf, logen die phönizischen Seeleute, dass sich die Balken bogen. Von Seeungeheuern, tödlichen Strömungen, verzauberten Inseln, Menschen fressenden Küstenbewohnern und allerlei anderem Schrecklichem erzählten sie, und die Landratten der Küstenbewohner anderer Völker glaubten alles. Auch der griechische Dichter Homer kannte die See fast nur aus solchen Schilderungen und wob deshalb erfolgreich eine Menge Seemannsgarn in seine Odyssee. Odysseus selbst war lange vor Homer und auch vor den Phöniziern unterwegs gewesen.

Als die Phönizier gar auf den Atlantik hinaus segelten und schließlich bis nach England vordrangen, erfanden sie eine besonders infame Lüge: je weiter man da raus segle, desto dickflüssiger und klebriger werde das Wasser, so dass ein Schiff schließlich stecken bleibe und seine Besatzung kläglich zugrunde ginge. Und wenn ein Schiff durch dieses Puddingmeer schließlich doch durchkäme, so würde es über seinen Rand in eine unendliche Tiefe stürzen. All dieser Unsinn hat sich in der christlichen Vorstellungswelt bis zum Ende des Mittelalters gehalten.

Wie ernst phönizische Kapitäne mit ihren nautischen Geheimnissen umgingen, zeigt uns die folgende Geschichte: später, als auch römische Schiffe auf dem Meer waren, hat einmal ein römischer Kapitän versucht, das Geheimnis des Seewegs nach England herauszufinden, indem er kurzerhand einem Phönizier hinterher segelte. Der verfolgte Kapitän musste erkennen, dass der Römer schneller und deshalb an ein Entkommen nicht zu denken war, und setzte sein Schiff irgendwo vor Südspanien auf eine Klippe.

Nun war der Verlust eines Schiffes, zumal mit Handelsgütern beladen, in den Augen der Phönizier ebenfalls ein Kapitalverbrechen und nicht wenige phönizische Kapitäne sind wegen dieses Verbrechens zum Tode verurteilt worden. Unserem Kapitän jedoch gelang es, sich in seine Heimatstadt Karthago zurückzuschlagen, dort unter Anklage gestellt seine Beweggründe darzulegen, und mit Ehren und Geld überhäuft ein neues Schiff zu bekommen.

-

Was haben nun die Phönizier mit Gozo zu tun? Wie schon gesagt, gründeten sie rund um das Mittelmeer Handelsstützpunkte, wobei sie sich naturgemäß besonders gerne geschützte natürliche Häfen aussuchten. Die bekannteste und später bedeutendste Niederlassung dieser Art war Karthago im Gebiet des heutigen Tunis. Und dass sie auf dem Weg nach Karthago die Hafenbuchten von Malta übersehen haben, ist kaum denkbar. Gozo hat zwar keine solch spektakulären natürlichen Häfen wie Malta, aber auch die Buchten von Mgarr-ix-Xini und von Xlendi waren den Phöniziern sicher attraktiv genug.

Tatsächlich haben Archäologen phönizische Töpferwaren sowohl in Rabat auf Malta als auch in Rabat auf Gozo, heute Victoria, gefunden, die aus der Zeit phönizischer Expansion und Kolonisierung stammen. Aus diesen Fundorten phönizischer Überreste kann man nun folgenden Schluss ziehen: hätten die Phönizier Gozo und Malta nur wegen ihrer sicheren Häfen auf dem Weg zwischen östlichem und westlichem Mittelmeer aufgesucht, so hätten sie sich sicherlich auf die unmittelbare Hafenumgebung beschränkt. Dass sie aber im Landesinneren gesiedelt haben, lässt darauf schließen, dass es eine nicht ganz unbedeutende Besiedlung beider Inseln gegeben hat. Vermutlich wurden beide Rabats von den Phöniziern als Siedlungen ins Leben gerufen. Dass beide Siedlungen die Bedeutung Karthagos nicht erreichen konnten, liegt zweifellos an der geringen Größe und der damit verbundenen geringen Wirtschaftskraft der Inseln. Wichtige Handelsstützpunkte und Umschlagplätze waren sie allemal. Wir glauben sogar, den phönizischen Namen für Gozo zu kennen: „Gwl".

Gleich um die Ecke, kaum 200 Seemeilen Wasserlinie von Gozo entfernt, war im Zuge der phönizischen Westkolonisierung auch die Kolonie Karthago - phönizisch „Qard Hadaschd" - entstanden. Und wie das auch später in der Geschichte immer wieder geschehen sollte, überflügelte die Kolonie irgendwann einmal das Mutterland und Karthago wurde zur beherrschenden Macht. Abgeschlossen wurde dieser Prozess spätestens im vierten Jahrhundert vor Christus mit den Eroberungen Alexanders des Großen, mit denen die Küsten des östlichen Mittelmeers unter griechischen Einfluss gelangten und das phönizische Mutterland von der politischen Bühne verschwand.

Gozo und Malta, unmittelbar vor der Haustür der Hauptstadt Karthago gelegen, waren ganz zweifellos fest in karthagischer Hand.

-

Bevor wir nun Rom die Bühne der Weltpolitik betreten lassen, müssen wir noch einen Blick auf Sizilien werfen. Trotz phönizischer Seeherrschaft war es nämlich den Griechen gelungen, sich ebenfalls nach Westen auszudehnen und Kolonien zu errichten. So besiedelten sie in der ersten Hälfte des letzten Jahrtausends vor Christus unter anderem auch Süditalien und Sizilien. Offensichtlich haben die Phönizier eine solche Expansion der Griechen zugelassen, waren sie doch in erster Linie am Handel und nicht an der Landeroberung interessiert. Und wer handeln will, braucht schließlich vor allem Handelspartner, Lieferanten und Abnehmer von Roh- und Fertigprodukten. So ist es auch zu erklären, dass auch auf Gozo und Malta Gegenstände griechischer Herkunft gefunden wurden. Wahrscheinlich haben also Phönizier und Griechen nicht nur konkurrierende Kolonien gegründet, sondern auch mehr oder weniger friedlich in gemeinsamen Siedlungen zusammen gelebt.

-

Zurück nach Sizilien: dort waren bis ca. 500 vor Christus blühende griechische Gemeinwesen entstanden, die als Stadtstaaten organisiert eine erstaunliche Zivilisation entwickelt hatten. Allen voran ist da Syrakus zu nennen, das den Stadtstaaten der griechischen Halbinsel in Nichts nachstand. Aber auch die Phönizier hatten dort, vor allem auf der Westseite der Insel, gesiedelt, spielte doch die Westspitze Siziliens eine wichtige Rolle als Sprungbrett von Karthago in das Seegebiet westlich von Italien und rund um die großen Inseln Sardinien und Korsika. Der damit verbundene Prozess des Aufteilens der Macht über Sizilien zwischen Griechen und Phöniziern ist natürlich nicht ganz reibungsfrei abgelaufen, vielmehr kam es im Laufe der Zeit zu einer Vielzahl größerer und kleinerer kriegerischer Auseinandersetzungen. Am Ende dieses Prozesses war Sizilien also irgendwann zweigeteilt mit den Griechen im Osten und den Phöniziern im Westen.

Jetzt aber, im dritten Jahrhundert vor Christus, betritt Rom die Insel Sizilien. Durch Kriege, geschickte Bündnisse und ebenso geschickte Vertragsbrüche ist es dem latinischen Stadtstaat gelungen, sich bis an die Küsten Süditaliens auszudehnen und damit Herr der gesamten italienischen Halbinsel zu werden. Konsequenterweise ist nun Sizilien der nächste Happen, den es zu verschlingen gilt. Und da kommen den Römern die karthagisch-griechischen Streitereien gerade recht: man kommt den Griechen „zur Hilfe" und löst damit 264 vor Christus den ersten von drei punischen Kriegen aus, in dem die Karthager geschlagen werden und Sizilien erobert und dem römischen Reich einverleibt wird.

Warum punisch? Für die Römer waren die Karthager nun mal Phönizier und deren Volksbezeichnung haben sie kurzerhand in „Punier" latinisiert.

-

Sehr zu Recht erkannten die römischen Strategen, dass, solange der Nachschub auf dem Seeweg von Karthago nach Sizilien funktionierte, Sizilien nicht nachhaltig von den Puniern befreit werden konnte. Deshalb vollzogen sie einen militärhistorisch höchst bedeutsamen Schritt. „Navigare necesse est!" hieß das Motto, was sehr viel später vom deutschen Kaiser Wilhelm II höchst teutonisch mir „Seefahrt tut Not!" übersetzt und adaptiert wurde und im Klartext bedeutete: Wir (Rom) müssen eine Seemacht werden, um einen Gegner zu besiegen, dessen Macht im Wesentlichen auf seiner Seehoheit beruht.

Ganz nebenbei erfanden die Römer eine Kampftechnik, welche die seefahrenden Karthager entsetzte und sie das Fürchten lehrte. Sie verpflanzten nämlich ihre landgestützte Kampftechnik einfach auf Schiffe. Das funktionierte so: ein römisches Schiff hatte konventionelle Fußsoldaten an Bord und legte es darauf an, nahe genug an ein gegnerisches Schiff heranzukommen. War das gelungen, wurden Rampen heruntergeklappt und darüber marschierten römische Soldaten mit gezückten Schwertern in Reih und Glied.

Mit dieser Technik, die einem echten Seemann die Haare zu Berge stehen lassen, gewannen die Römer also einige Seeschlachten und zwangen damit die Karthager zum Rückzug aus Sizilien. 241 war der erste punische Krieg zu Ende, Sizilien römisch, Rom eine Seemacht und Karthago der Erzfeind Roms.

Und Gozo? Unsere Insel war zwar noch karthagisches Staatsgebiet, aber Rom weitestgehend schutzlos ausgeliefert. 255, also schon während des Krieges, waren Gozo und Malta von römischen Truppen überfallen und die karthagischen Siedlungen zerstört worden. Erst viel später, 218 vor Christus, sollten die Römer dann Gozo und Malta endgültig in Besitz nehmen, womit die phönizische Zeit Gozos endgültig zu Ende war.

-

Karthago und Rom lieferten sich noch zwei weitere Kriege, den zweiten punischen Krieg (218 bis 201 v. Chr.), in dem Hannibal mit seinen Elefanten von Spanien aus über die Alpen, Norditalien bis nach Rom marschierte und den Krieg dann trotzdem noch verlor, und den dritten punischen Krieg (149 bis 146 v. Chr.), an dessen Ende Karthago dem Erdboden gleich gemacht wurde.

Mit der Zerstörung Karthagos sind die Phönizier, Karthager oder Punier, wie auch immer sie genannt werden, von der Bühne der Geschichte verschwunden. Der Ruf, den sie sich erworben haben, ist denkbar schlecht. Ihre Götter, unter anderen der Baal der Bibel, sollen grausam gewesen sein und regelmäßig Kinderopfer verlangt haben. Ihre Regierungsform soll oligarchisch bis diktatorisch gewesen sein, Demokratie war ihnen ein Fremdwort. Feige sollen sie gewesen sein, denn ihre Heere, teils sogar deren Führer, haben sie aus Söldnern rekrutiert. Kurz: sie waren der Inbegriff der finsteren barbarischen Macht.

Diesen Ruf verdanken die Phönizier dem historischen Zufall, dass eigene schriftliche Zeugnisse dieses Volkes nicht überliefert sind. Was wir haben, sind römische, griechische, ägyptische und in der Bibel auch jüdische Beschreibungen, also ausschließlich von Feinden der Phönizier. Propaganda eben. Und dass diese Propaganda kein gutes Haar an den Phöniziern lässt, ist nicht weiter erstaunlich. Tatsache ist, dass dieses Volk als seefahrende und Handel treibende Nation nahezu ein Jahrtausend das Mittelmeer beherrscht und den Atlantik befahren hat und letztlich nur an der aufstrebenden Supermacht Rom gescheitert ist. Die zivilisatorische Stufe, die von den Phöniziern erklommen worden ist, kann also nicht so niedrig gewesen sein, wie man uns glauben machen möchte.

Nach Hause

Es war im Herbst 1998, als ich auf der "Mgarr", einem der älteren unter den allesamt nicht ganz neuen Fährschiffe, auf die Insel Gozo zufuhr. Drei Jahre war ich jetzt nicht mehr hier gewesen. Früher, über einen Zeitraum von über zehn Jahren, waren wir jedes Jahr, oft sogar zweimal jährlich hierher gekommen und hatten unzählige wunderschöne Urlaube hier verbracht. Aber berufliche Veränderungen, eine persönliche Krise und auch der Versuch, mich mit anderen Inseln im Mittelmeer anzufreunden, hatten mich Gozo aus den Augen verlieren lassen.

Jetzt, bei meiner Ankunft, gab Gozo sich alle Mühe, mich zu beeindrucken. Es war früher Abend, die Sonne war gerade hinter der Insel untergegangen und hatte einen von tiefem Dunkelblau im Osten zu pastellenem Rosa im Westen übergehenden, Postkarten gerechten Himmel hinterlassen. Davor zeichnete sich die immer noch vertraute Kulisse von Kirchtürmen, Dörfern und Festungsanlagen mit ganz besonderer Schärfe ab.

-

Um nach Gozo zu reisen, benutzt man für die letzte Teilstrecke eine Fähre der Gozo Channel Line, einer ausschließlich zu diesem Zweck unterhaltenen staatlichen Schifffahrtsgesellschaft. Mit ihr überquert man die etwa zweieinhalb Seemeilen breite Meerenge zwischen der Hauptinsel Malta und Gozo.

Ich hatte, als ich endlich die Fähre besteigen konnte, schon eine komplizierte Anreise hinter mir. Weil nämlich Flugverbindungen von Deutschland nach Malta nur von wenigen deutschen Flughäfen direkt angeboten werden, hat man, wenn man nicht das Glück hat, in der Nähe eines dieser Flughafen zu wohnen, entweder eine mühsame Anfahrt in Kauf zu nehmen, oder aber man entschließt sich, per Zubringerflug nach Frankfurt zu fliegen. Nach Frankfurt deshalb, weil von dort aus täglich, an einigen Wochentagen sogar mehrere Flüge angeboten werden. In diesem Fall war ich von Saarbrücken gekommen, wo ich zu dieser Zeit arbeitete, war frühmorgens mit dem Auto nach Luxemburg gefahren, von dort nach Frankfurt und schließlich weiter nach Malta geflogen. Ich verstehe bis heute noch nicht, warum der Flug von Luxemburg über Frankfurt nach Malta billiger war als direkt von Frankfurt aus zu fliegen. Aber genau so war es.

Um vom Flughafen Luqa (so heißt der Flughafen von Malta, nach dem nebenan liegenden Dorf, das sich nicht etwa *lucka* oder *luqua* spricht, sondern *lu'a*) zum Fährenanleger Xirkewwa zu kommen, braucht man ein Auto. Busse fahren zwar, aber erstens nicht direkt, sondern über den zentralen Busterminal am Stadttor der Hauptstadt Valletta, und zweitens sind diese Busse nicht für die Mitnahme größerer Mengen von Gepäck ausgestattet. Also nimmt man ein Taxi, das wir jedes Mal schon von Deutschland aus vorbuchen, weil es dann, warum auch immer, nur die Hälfte kostet.

Auf der Fahrt nach Xirkewwa, das liegt an der äußersten nordwestlichen Spitze der Insel Malta, dort, wo die Entfernung nach Gozo am kürzesten ist, kann man auf den letzten Kilometern der abfallenden Straße schon einen ersten Blick über die Meerenge, den Gozo Kanal, auf die eindrucksvolle Bergkulisse Gozos werfen.

-

Die Fährschiffe selbst blickten erkennbar auf eine lange Lebenszeit zurück. Unter der meist abblätternden Farbe erkannte man allenthalben Sicherheitshinweise in dänischer, schwedischer und holländischer Sprache, Hinweise darauf, dass diese Schiffe früher ihren Dienst auf Nord- und Ostsee versehen haben und dort ausgemustert worden sind. Zumindest an zwei der Fährschiffe war sogar noch der alte Name zu erkennen, den die Vorbesitzer auf der Frontseite der Brücke einge-schweißt hatten, so dass einfaches Überpinseln den alten Namen nicht ganz auszulöschen vermochte. Dort stand in großen Lettern, quer über das Schiff, bei dem einen „Texelstroom" und bei einem anderen „Jylland".

Der Fährverkehr zwischen Malta und Gozo hat naturgemäß eine lange Geschichte, denn Gozo war schon immer von einer funktionierenden Verbindung mit der großen Schwesterinsel Malta abhängig. Seit der Zeit der Johanniter wurde die Lizenz, einen Fährverkehr zu betreiben, jähr-lich unter den gozitanischen Schiffseignern, die natürlich im Hauptberuf Fischer waren, versteigert. Der jeweilige Lizenznehmer hatte das Recht, einen von der Obrigkeit festgelegten Preis für die Überfahrt zu nehmen und war durch das Lizenzsystem gegen unerwünschte Konkurrenz gesichert. Im Gegenzug war er verpflichtet, einen gewissen Fahrplan einzuhalten, was allerdings wegen der wechselnden Wetterbedingungen, manchmal aber auch wegen anderweitiger Verpflichtungen des Skippers, nicht immer gelang. Als Schiffe benutzte man die typischen maltesischen Luzzus, bunt bemalte Holzboote mit hochgezogenem Bug und Heck, die je nach Wetterlage von einem Lateinersegel oder von Ruderern vorwärts bewegt wurden.

Einen gewaltigen Fortschritt stellte der in Aberdeen gebaute Schraubendampfer Gleneagles dar, der am 13. Juni 1885 seinen Dienst aufnahm und fortan zwei Fahrten täglich zwischen Gozo und Malta anbot. Ein Problem dabei, das erst viel später gelöst werden sollte, waren die Anlegeplätze zu beiden Seiten. In Mgarr gab es zwar schon einen kleinen Wellenbrecher, aber keinen ausreichenden Liegeplatz für die Gleneagles. Sie musste deshalb vor dem kleinen Hafen ankern und Passagiere und Fracht wurden mit kleinen Booten zwischen Hafen und Schiff hin und her transportiert. An der gegenüberliegenden Küste in Malta gab es überhaupt keinen geeigneten Landeplatz, so dass die Gleneagles dort bis nach Valletta, zum Zollhaus im Großen Hafen, fahren musste.

Die Gleneagles blieb bis 1914 in Dienst, bekam aber während dieser Zeit zunehmend Konkurrenz durch verschiedene andere Schiffe. Zu Beginn des Ersten Weltkriegs wurde sie von der britischen Kriegsmarine requiriert, um als Aufklärungsschiff Verwendung zu finden. Sie kam nie wieder nach Gozo zurück. Ihr Name aber lebt fort in der traditionellen Gleneagles-Bar gleich am Hafen von Mgarr, am Beginn der steilen Straße, die von hier in die anderen Orte der Insel führt.

Mittlerweile hat die Gozo Channel Line drei baugleiche, moderne Fährschiffe im Einsatz, die zwischen 1999 und 2002 von einer maltesischen Werft gebaut wurden, die Ta'Pinu, die Gaudos und die Malita. Von der früheren Flotte ist nur noch eine Fähre in Betrieb, die Citadella, die jetzt ausschließlich Frachtverkehr mit Lastwagen zwischen Sa Maison (einem Anleger in der Marsamxett-Bucht) und Mgarr durchführt. Die Xlendi, ein weiteres Schiff aus der alten Flotte, wurde vor einigen Jahren, nachdem man alles Umwelt Gefährdende aus ihr entfernt hatte, vor der Südküste Gozos versenkt, um dort den Tauchern als Attraktion zu dienen.

Doch auch mit diesen neuen Schiffen kann es bei bestimmten Wetterbedingungen vorkommen, dass ein Anlegen in Xirkewwa nicht möglich
ist und statt dessen Sa Maison angefahren werden muss, was natürlich
den Fahrplan kräftig durcheinander bringt und die Überfahrt, die sonst
etwa zwanzig Minuten dauert, auf eineinhalb Stunden ausdehnt. Mir ist
es bei einer solchen Gelegenheit passiert, dass mich der Taxifahrer vom
Flughafen nach Xirkewwa gebracht hat, dort erfuhr, dass der Fährbetrieb
soeben auf Sa Maison umgestellt worden sei, und mich fast dieselbe
Strecke zurück fahren musste.

-

Zurück auf die Mgarr im Herbst 1998: auf halbem Weg der Überfahrt - rechts lagen jetzt die Inseln Comino und Cominotto, die Nummern drei und vier in der nach Größe geordneten Liste der Inseln des
maltesischen Archipels - trat die Kulisse Gozos langsam deutlich hervor.
Im Zielhafen Mgarr auf Gozo konnte ich noch keine Einzelheiten aus-
machen, aber links oberhalb wurde jetzt die Silhouette des Forts
Chambray und rechts die des Dorfes Qala mit seiner Kirche deutlich.

Besonders auffällig sind da zwei Kirchtürme in der Mitte, die beide in
ihrem Baustil irgendwie an das Ulmer Münster erinnern. Später, an
Land, erkennt man dann allerdings, dass es sich bei beiden Türmen eher
um späte Miniaturausgaben handelt, die von See her mehr versprechen,
als sie dann bei genauerem Hinsehen einzuhalten vermögen. Die
kleinere, direkt über den Hafen blickende Kapelle gehört zum
Waisenhaus "Lourdes Home" und ist "Unserer Lieben Frau von
Lourdes" geweiht; die größere Kirche weiter oben am Hang ist schon
die Dorfkirche des nächsten Orts, Ghajnsielem.

In der hereinbrechenden Dunkelheit stand ich auf dem Sonnendeck, das
seinen Namen jetzt nicht mehr verdiente. Der Wind war kühl geworden
und wehte einen typisch mediterranen Geruch von Land herüber, einen
Geruch, der sich mit dem Öl- und Dieselgestank des Schiffes ver-
mischte. Erinnerungen stiegen auf, an Spaziergänge und Wanderungen
über die Felder und an den Klippen entlang, an Freundschaften, die wir
in all den Jahren hier geschlossen hatten, an die Zeit, als unsere Kinder
noch klein waren und hier Gehen und später Schwimmen gelernt haben,
an Abende in der Küche, wenn wir in großem Kreis gemeinsam eine
Fischplatte oder ein Rabbit Stew zubereitet hatten und nicht zuletzt an
laue Sommerabende, an denen wir auf dem Balkon der Gleneagles ge-

sessen und bei einem kühlen Bier die Aussicht auf das Gewühl von kleinen Fischerbooten genossen hatten.

Es muss wohl in diesem Augenblick gewesen sein, dass mir klar wurde: dies ist meine Insel, hier will ich bleiben. Es war so etwas wie Heimweh nach diesem seltsam liebenswerten Fleckchen Erde, das ich in den letzten Jahren beiseite geschoben hatte, und das jetzt mit Macht an die Oberfläche drang. Die Tränen konnte ich zunächst noch auf den schneidend gewordenen Wind schieben. Aber schließlich, das Schiff bog gerade um den Wellenbrecher herum in den Fährhafen ein, hupte noch ein vorwitziges kleines Boot an, das sich eben noch vor der Fähre aus dem Hafen drängelte, verstand ich es: Ich war nach Hause gekommen.

Römer, Vandalen und Byzantiner

Bis vor wenigen Jahrzehnten war der maltesische Archipel mehr oder weniger fremd bestimmt. Wir können davon ausgehen, dass frühere Herren der Inseln – die Phönizier haben wir ja schon als solche kennen gelernt – konkreten Einfluss auf das lokale Geschehen genommen haben. Zuletzt waren es schließlich die Briten, die durch gezielte Vernachlässigung der Bevölkerung und der Infrastruktur dafür gesorgt haben, dass der letztendlich 1962 entstandene Staat Malta unter denkbar ungünstigen Startbedingungen zu leiden hatte.

Nach den Phöniziern jedenfalls rückten zunächst einmal die Römer an. Nicht dass sie ernsthaft um die Inseln hätten kämpfen müssen, sie fielen ihnen eher nebenbei zu, nachdem sie die Phönizier bzw. Karthager aus Sizilien vertrieben und ihnen ihre Vormachtstellung auf dem Mittelmeer genommen hatten. Funde in Gozo, allen voran die Gedenktafel für einen Römer namens M. Vallio, die heute im Torbogen des alten Haupteingangs zur Zitadelle Gozos ausgestellt ist, zeigen uns, dass die maltesischen Inseln römisches Staatsgebiet waren und Gozo (das jetzt Gaulus hieß) mittlerweile ein Municipium, also eine sich selbständig verwaltende Gemeinde war.

Wie im römischen Reich üblich war das Land aufgeteilt in Domänen, die im Besitz römischer Bürger waren und auf denen von Abhängigen und Sklaven landwirtschaftliche Produkte, allen voran Getreide, produziert wurden. Es wird wohl auch Schafe gegeben haben, denn Malta war unter anderem bekannt für seine Stoffe. Und schließlich wurde schon damals auf Gozo der auch heute noch bekannte gozitanische Honig hergestellt und exportiert.

Kurzzeitig taucht da Malta auch in den Schlagzeilen der Weltpresse auf, als nämlich mit Paulus eine im römischen Reich durchaus populäre Figur zwangsweise einen Winter in Malta verbringt. Als Gefangener mit römischem Bürgerrecht hatte er, was sein gutes Recht war, darauf bestanden, in Rom selbst abgeurteilt zu werden. Auf seinem Transport per Schiff nach Rom ging eben dieses Schiff vor Malta in einem der bis heute berüchtigten Herbststürme zu Bruch und alle, Mannschaft wie

Passagiere, Gefangene wie Bewacher, wurden in der St. Pauls Bucht an Land gespült.

Um diesen Schiffbruch des heiligen Paulus rankt sich eine Vielzahl von Legenden, deren Wahrheitsgehalt ganz offensichtlich recht unterschiedlich ist. Obwohl sogar der Schiffbruch selbst von einigen Historikern angezweifelt wird, will ich es mir nicht verkneifen, drei dieser Legenden hier wiederzugeben.

Die historisch glaubwürdigste Legende ist wohl die vom heiligen Publius: dieser Publius war zu der Zeit römischer Statthalter und residierte im heutigen Mdina. Als oberster Repräsentant Roms in Malta fiel ihm natürlich die Aufgabe zu, den Winter über für die Schiffbrüchigen zu sorgen, denn an eine Weiterfahrt war erst im Frühjahr zu denken. Und das Versorgen der Gefangenen hieß natürlich, sie in irgendwelche Verliese weg zu sperren, die wohl nur in seinem eigenen Amtssitz zur Verfügung standen. Nun weiß man ja ziemlich viel über die Person des Paulus, vor allem, dass er sehr unterhaltsam, mindestens sehr beredt und sogar, wie böse Zungen behaupten, reichlich penetrant bei der Verbreitung seiner religiösen Überzeugung war. Jedenfalls fand Publius Gefallen an Paulus, verbrachte viele lange Winterabende mit ihm und war, als Paulus schließlich im Frühjahr weiter reiste, bekennender Christ. Daraus, schließlich war Publius so etwas wie das Oberhaupt der Malteser, wird bis heute der Anspruch Maltas abgeleitet, das erste christianisierte Land Europas gewesen zu sein.

Viel schöner ist aber die Geschichte mit der Schlange: als die Schiffbrüchigen erschöpft an Land gewatet waren, sammelten sie am Strand, misstrauisch beobachtet von den Einheimischen, zunächst einmal Treibholz, um sich und ihre Kleidung an einem Feuer zu trocknen. Dabei schoss aus einem trockenen Holzhaufen eine Schlange hervor und biss Paulus in den Arm. Die zuschauenden Malteser erwarteten nun, dass Paulus kläglich an dem Gift des Schlangenbisses zugrunde gehen würde, was es ihnen ersparen würde, ihn, wie das damals durchaus mit Schiffbrüchigen üblich war, zu erschlagen. Aber nichts dergleichen geschah, sondern vielmehr ein Wunder: in diesem Augenblick verloren alle maltesischen Schlangen ihr Gift, Paulus blieb unversehrt, und die Malteser kamen folgerichtig zu der Überzeugung, dass es sich hier um einen heiligen Mann handeln musste, was ihm dann seine Missionstätigkeit wohl auch erleichtert hat.

Verbleibt noch die Frage, wo denn all das Gift der Schlangen geblieben ist: die Legende sagt, es befinde sich seither auf den Zungen der maltesischen Frauen.

Leider kam Paulus nicht bis nach Gozo, so dass seine Missionstätigkeit beinahe spurlos an Gozo vorübergegangen wäre. Aber auch hier half ein Wunder: als er eines Tages auf dem Forum von Mdina predigte, sorgte eben dieses Wunder dafür, dass seine Predigt auch in Gozo klar und deutlich zu hören war. So wurden auch die Gozitaner frühzeitig zu der neuen Religion bekehrt.

-

Das vierte und fünfte Jahrhundert nach Christus sah mit dem Höhepunkt der Völkerwanderung und dem damit einher gehenden Zerfall des römischen Reichs eine gigantische Umwälzung der Machtstrukturen in Europa und dem Mittelmeerraum. Das römische Reich zerfiel zunächst in drei Teile, als Kaiser Konstantin, der schon seinen Regierungssitz von Rom nach Byzanz verlegt hatte, im Jahr 337 starb und in seinem Testament jedem seiner drei Söhne einen Teil des Reiches vermachte. Nachdem dann einige Jahre später nur noch einer dieser Söhne übrig geblieben war, konnte dieser das Reich nochmals vereinen.

Apropos Konstantin: er war es auch, der als erster römischer Kaiser der christlichen Kirche alle Rechte einer im Staat offiziell zugelassenen Religion zubilligte. Nachdem er (was eher auf eine heidnische Einstellung schließen lässt) vor einer wichtigen Schlacht versprochen hatte, im Falle eines Sieges dem Christentum beizutreten, was er dann auch tat, stärkte er dieses Christentum so nachhaltig, dass es in der späteren Geschichtsschreibung von da an als Staatsreligion bezeichnet wird. Dies und die früheren Ereignisse um Paulus lassen den Schluss zu, dass spätestens jetzt auch in Gozo das Christentum die führende Religion war.

Konstantin soll sogar dem Bischof von Rom den Stadtstaat Rom selbst sowie eine große Menge weiterer Immobilien geschenkt haben. Aber diese „Konstantinische Schenkung", die später die Rechtsgrundlage zur Bildung des Kirchenstaates bildete, ist eine Fälschung aus dem 8. Jahrhundert. In der Konstantinischen Schenkung wird ganz explizit auch Landbesitz auf der Insel Gozo aufgelistet, woraus wir schließen können, dass der Urheber der Fälschung, Papst Stefan II, die Insel in seinem Blickfeld hatte und durchaus Wert auf Grundbesitz in Gozo legte.

Zurück zu Theodosius, dem letzten überlebenden Sohn Konstantins, und zu dem unter ihm wieder vereinten römischen Reich. Dieses Reich war jetzt überwiegend christlich und hatte seinen Regierungssitz in Byzanz, das mittlerweile Konstantinopel hieß. Wenig später, nach dem Tod des Kaisers Theodosius im Jahr 395, wurde das Reich nochmals, und diesmal endgültig, zwischen dessen beiden Söhnen Honorius (West) und Arcadius (Ost) geteilt. Zu welcher Hälfte Gozo und Malta nach dieser Teilung zunächst gehörten, ist nicht endgültig geklärt. Vieles spricht jedoch dafür, dass die Inseln der östlichen Reichshälfte zugeschlagen wurden.

Der Westteil des Reiches, zunächst noch mit Rom selbst und dann mit Ravenna als Hauptstadt, geriet mehr und mehr unter den Einfluss germanischer Stämme, die sich jetzt unabhängig machten und mit eigenen Staatsgründungen große Brocken aus dem zerfallenden römischen Reich heraus brachen, bis schließlich mit den Ostgoten ein solcher germanischer Stamm die Macht im Westreich an sich riss.

Wie sich der Zerfall des Westreiches in Gozo und Malta konkret ausgewirkt hat, wissen wir nicht genau. Was wir aber gesichert wissen, ist, dass die Inseln schließlich zweifelsfrei unter byzantinischer Herrschaft waren und dort bis zum Jahr 870 verblieben, dem Jahr, als die moslemischen Araber die Inselgruppe eroberten. Doch davon später.

Zwischendurch, bevor dann die Byzantiner endgültig die Kontrolle über das Mittelmeer und seine Küsten an sich bringen konnten, gab noch ein germanisches Volk für etwa ein Jahrhundert im Gebiet zwischen Nordafrika und Italien den Ton an.

Die Vandalen

Vorweg sei gesagt, dass es konkrete Hinweise auf die Anwesenheit der Vandalen in Gozo nicht gibt, so dass es umstritten ist, ob sie wirklich Einfluss auf Gozo und Malta genommen haben. Ihre Präsenz in dieser Gegend, ihre unstreitig nachgewiesenen Raubzüge nach Korsika und Sardinien, nach Sizilien und zu den griechischen Inseln und schließlich

26

auch die Eroberung und Plünderung der Stadt Rom selbst lassen Zweifel an einer mindestens zeitweisen Anwesenheit in Gozo kaum zu.

Wer also waren diese Vandalen?

Den Vandalen haftet bis heute der Ruf an, eher genommen als gegeben zu haben. Wenn sie also in Gozo und Malta waren, was ich für unbestreitbar halte, so werden sie zusammen gerafft haben, was sie bekommen konnten. Dass es also keine Zeugnisse ihrer Anwesenheit gibt, so wie andere Eroberer Bauwerke, zumindest Grabsteine zurückgelassen haben, ist genau genommen nicht weiter verwunderlich.

Man nimmt heute an, dass der germanische Stamm der Vandalen irgendwann im ersten vorchristlichen Jahrhundert aus Jütland im heutigen Dänemark aufgebrochen ist. Vielleicht waren die Umstände, die sie zum Aufbruch zwangen, dieselben, die auch die Kimbern und Teutonen losziehen ließen. Während letztere aber weit nach Süden zogen, dort bald mit den Römern aneinander gerieten und dabei den Kürzeren zogen, waren die Vandalen etwas bescheidener und siedelten zunächst am südlichen Ufer der Ostsee, im Mündungsgebiet der Oder.

Später dann tauchen die Vandalen in Schlesien, dann in Pannonien, also im Bereich des heutigen Ungarn auf. Dabei muss man sich vor Augen führen, dass eine solche Wanderung kein kurzzeitiges Ereignis war, sondern dass die Vandalen ebenso wie die anderen an der Völkerwanderung beteiligten Stämme sich stets neues Siedlungsgebiet suchten, dort für einige Generationen blieben und dann, oft auch gezwungen durch die Eroberungszüge anderer Stämme, erneut aufbrachen. Im Falle der Vandalen ist es denkbar, dass nicht ihre Abenteuerlust, sondern der Einfall der Hunnen sie zwangen, Anfang des fünften Jahrhunderts erneut aufzubrechen.

So zogen sie, übrigens nicht als ein geschlossener Verband, sondern vermutlich in drei Hauptströme aufgeteilt, westwärts über den Rhein, plünderten auf ihrem Zug durch Frankreich, überschritten die Pyrenäen und ließen sich zunächst, nachdem zwei der drei Gruppen von Westgoten in römischem Auftrag weitgehend aufgerieben worden waren, im Süden der iberischen Halbinsel nieder. Manche Historiker vertreten die Meinung, der Landstrich Andalusien habe seinen Namen von dieser Besiedlung, habe also irgendwann damals Vandalusien geheißen. Ob das stimmt oder nicht, eine gute Eselsbrücke ist es allemal.

Auch dort in Andalusien konnten die Vandalen nicht in Frieden siedeln, denn die Westgoten setzten dem verbleibenden, etwa 80.000 Menschen starken Volksstamm unablässig weiter zu. In dieser Situation, es war im Jahr 428, gelangte eine der herausragenden Figuren der gesamten Völkerwanderungszeit im Alter von etwa 28 Jahren als König an die Spitze der Vandalen, der jetzt das Schicksal seines Volkes auf ungewöhnliche und geniale Weise in die Hand nahm.

Geiserich, so war sein Name, vollbrachte ein Jahr nach seinem Regierungsantritt eine kaum vorstellbare logistische Meisterleistung: er ließ ausreichend Schiffe bauen (zur Übung organisierte er da auch schon Raubzüge an der afrikanischen und der iberischen Küste bis hinauf zu den Balearen) und setzte sein gesamtes Volk trotz Angriffen der Westgoten auf spanischer Seite und trotz Verteidigungsbemühungen der in Afrika ansässigen römischen Untertanen unter nur geringen Verlusten nach Afrika über. Von dort aus zog er nach Osten, an der Küste entlang, immer gedeckt von seiner mittlerweile stattlichen Flotte auf der Seeseite und von Landtruppen gegen die im Hinterland lauernden Berber.

Eine Stadt nach der anderen fiel ihm in die Hand, wobei die dort vorherrschende soziale Situation ihn wohl begünstigt hat: ein kaum vorstellbares Feudalsystem mit wenigen, unglaublich reichen Grundbesitzern und vielen armen und völlig rechtlosen Abhängigen ließ eine ernsthafte Verteidigung gar nicht erst aufkommen. Lediglich das von Römern wieder aufgebaute Karthago in der Nähe des heutigen Tunis, mittlerweile eine Großstadt mit mehreren hunderttausend Einwohnern, konnte dem Ansturm der Vandalen einige Jahre widerstehen, was diese aber nicht daran hinderte, sich in der Umgebung schon mal häuslich niederzulassen und an den benachbarten Küsten zu rauben und zu plündern, was das Zeug hielt.

Spätestens jetzt war die Konfrontation mit Rom, genauer gesagt mit dem weströmischer Reich, offen zu Tage getreten. Es gab Verhandlungen, in denen sich Geiserich gegen die römische Zustimmung zur Beherrschung der nordafrikanischen Küste in der Gegend des heutigen Tunesien als Föderierter der römischen Oberhoheit unterwarf und unter anderem einem Nichtangriffspakt auf die Stadt Karthago zustimmte.

Nun kennen wir von der alten bis zur jüngsten Geschichte Figuren, die, wenn es opportun war, jeden Vertrag unterschrieben, um zunächst die Spannung aus der aktuellen Situation herauszunehmen und um ihn dann bei der nächsten passenden Gelegenheit zu brechen. Geiserich war einer von ihnen, um nicht zu sagen, einer der Besten. Kaum zeigten nämlich die Römer Schwäche, und das taten sie in Form von Gegenkaisern, Kaisermorden und anderen inneren Spannungen zuhauf, ließ Geiserich Vertrag Vertrag sein und nutzte die Schwäche des Gegners konsequent aus. So war es 439, als er kurzerhand Karthago erstürmte und sich gleichzeitig zum absoluten Herrscher seines Staatsgebietes erklärte und die formale römische Oberhoheit damit abschüttelte. Und so war es auch, als er 455, unter Bruch eines Friedensvertrags von 445, den kürzlichen Tod des Kaisers Valentinian III nutzte, die Stadt Rom eroberte und sie für vierzehn Tage seinen Truppen zur Plünderung freigab.

-

Geiserichs historischer Fehler bestand darin, ein Staatsgebilde konstruiert zu haben, das nur unter einem absoluten und vielleicht auf seine Weise genialen Herrscher Bestand haben konnte. Er starb 477 und überlebt damit den letzten römischen Kaiser Romulus Augustulus (wörtlich: Romulus, das Kaiserlein) um wenige Monate. Sein germanisches Königreich in Nordafrika zerbrach nach wenigen Jahrzehnten an sozialen Spannungen und an der Unfähigkeit seiner Nachfolger, diese Spannungen aufzulösen. Vor allem seine von seinen Nachfolgern bis zum Exzess getriebene Apartheidpolitik, die eine Vermischung der Vandalen mit der ansässigen Bevölkerung verhinderte, war sicher eine der Hauptursachen für das Scheitern seines Staates. Auch die religiöse Kontroverse zwischen dem germanischen Arianismus der Vandalen und dem römisch-katholischen Glauben der Bevölkerung wird wohl eine Rolle gespielt haben.

So war es denn ein Urenkel des Geiserich namens Gelimer, der nach einer Vielzahl von familieninternen Streitigkeiten König des vandalischen Reiches wurde. Gelimer unternahm zwar mit seinem Regierungsantritt 530 noch den Versuch, mit einer Reform der Innen- und der Außenpolitik seinen Staat zu retten, scheiterte aber an der Übermacht Ostroms. Dort saß nämlich mittlerweile mit Kaiser Justinian ein fähiger und tatkräftiger Herrscher, der wiederum mit seinem Feldherrn Belisar   einen   tüchtigen   Mann   an   die   Spitze   eines   bunt zusammengewürfelten Söldnerheeres stellte, das Karthago und das Vandalenreich, mit deren Verteidigungsbereitschaft es mittlerweile nicht zum Besten gestellt war, bemerkenswert mühelos überrannte.

So ging eine der spektakulärsten Staatsgründungen der germanischen Völkerwanderung nach einem Jahrhundert fernab in Afrika kläglich unter. Sie haben kaum Spuren hinterlassen, diese Vandalen. Wo sie in der Geschichtsschreibung auftauchen, ist das überwiegend in der Geschichtsschreibung anderer Staaten, vor allem natürlich in der Westroms, mit denen sie in unsanfte Berührung gerieten. In Gozo, wie gesagt, gibt es, zumindest soviel ich weiß, keine verbliebenen Spuren dieses Volkes. Aber hier gewesen müssen sie sein, da bin ich mir sicher.

Späte und durchaus zweifelhafte Ehre wurde den Vandalen zu Teil, als während der Französischen Revolution ein Adliger das Verhalten Aufständischer kommentiert haben soll mit der Bemerkung: „Die hausen ja wie die Vandalen". Später wurde daraus der Begriff des „Vandalismus" als Umschreibung eines Tatbestandes, der nur eine zwecklose Zerstörung ohne eigenen Nutzen zum Ziel hat. Mit dieser Begriffsbildung, ebenso wie mit einer germanisch-heroischen Glorifizierung, tut man den Vandalen grob Unrecht. Sie waren, wie viele andere in der Völkerwanderungszeit und später, einfach ein Haufen Entwurzelter, die ihr Glück irgendwo in der Fremde suchen mussten.

Sie sind untergegangen. Was bleibt, ist ihr sprichwörtlich schlechter Ruf, gegen den sie sich nicht mehr wehren können. Dieses Schicksal teilen sie sich mit den phönizischen Karthagern. Wehe den Besiegten!

Die Byzantiner

Außer dass die Byzantiner irgendwann um 530 die Vandalen endgültig besiegt und damit die Herrschaft über das Seegebiet zwischen Italien und Nordafrika an sich gerissen haben, gibt es aus der Sicht von Gozo nicht mehr viel zu berichten. Es gibt Hinweise dafür, dass die Zitadelle von Gozo, die sicher schon vorher eine gewisse strategische Bedeutung hatte, in dieser Zeit weiter ausgebaut wurde. Funde belegen überdies, dass es einen regen Austausch von Waren mit anderen Regionen des byzantinischen Reichs, vor allem mit Sizilien und Nordafrika, gegeben haben muss. Und schließlich ist es wahrscheinlich, wenn auch nicht zweifelsfrei bewiesen, dass Malta in der byzantinischen Strategie bei der

Beherrschung des Mittelmeers als westlicher Außenposten eine nicht unbedeutende Rolle gespielt hat.

Für die einheimische Bevölkerung wird das mehr oder weniger beschauliche Landleben der Römerzeit auch unter der byzantinischen Herrschaft relativ unverändert weiter gegangen sein.

Bis die Araber kamen.

Araber, die Vorfahren der Malteser ?

Um eine ganz wichtige Sache vorwegzunehmen: „Allah" ist nicht der Name eines Gottes, sondern es ist schlicht und einfach das arabische Wort für Gott. Genauso lautet dieses Wort auch in der maltesischen Sprache. Und so beteten die Araber, auch schon lange vor Mohammed, dem Begründer des Islam, zu Allah. Wohl aber mit dem Unterschied, dass einzelne Stämme noch zusätzlich lokale und regionale Nebengötter, heilige Orte und Götzen verehrten.

Mohammed wird 571 in Mekka, einer bedeutenden arabischen Hafen- und Handelsstadt am Roten Meer, als Sohn eines Kaufmanns geboren. Durch seine Heirat mit einer reichen Kaufmannswitwe gelangt er zu genügend Wohlstand, um fortan nicht mehr für ein ausreichendes Einkommen sorgen zu müssen und kann sich spirituellen Fragen zuwenden. Dabei empfängt er Eingebungen, die er selbst und seine späteren Anhänger als göttliche Offenbarungen interpretieren und weiter geben.

Sein religiöser Eifer schafft ihm, bemerkenswerter Weise vor allem in seinem eigenen Klan, so große Probleme, dass er schließlich von Mekka nach Medina flieht, wo ihm die dortigen Klans so etwas wie die Position eines geistlichen Schiedsmannes angeboten haben. Dort baut er seine Lehre weiter aus und vergrößert, jetzt auch teilweise schon mit Waffengewalt, sein Einflussgebiet. Als er 632 stirbt, hat er nicht nur Mekka zurück erobert, sondern ist geistlicher und weltlicher Herr über Arabien.

Seine Lehre, der Islam (Ergebung in den Willen Gottes), jetzt schon verbindliche Religion der Araber, beinhaltet einige eingängige religiöse Grundregeln wie Waschungen, regelmäßige gemeinsame Gebete, gemeinsames Fasten, Almosen und die Pilgerfahrt. Aber zur Lehre Mohammeds gehören auch politische Komponenten, allen voran die Pflicht zur Bekämpfung heidnischer Bräuche wie der Götzenanbetung sowie die Pflicht zur notfalls gewaltsamen Ausbreitung des „wahren Glaubens".

Damit sind auch wesentliche Unterschiede des Islam zum Christentum deutlich gemacht. Und Mohammed sieht sich selbst als Prophet am Ende einer langen Reihe früherer (auch jüdischer) Propheten, von denen Jesus

Christus einer war. Irgendeine Art von Verwandtschaft, gar Wesensgleichheit oder Identität mit Gott, wie sie die verschiedenen Ausprägungen der christlichen Lehre predigen, gibt es bei Mohammed nicht. Wo allerdings Jesus Christus ein eigenes politisches Mandat ausdrücklich verneint („gebt dem Kaiser, was des Kaisers ist ..."), nimmt Mohammed explizit die geistige und politische Führerschaft für sich in Anspruch. Und wo Jesus Christus seinen Anhängern einen grundsätzlich gewaltfreien Missionsauftrag gibt („gehet hin und lehret alle Völker ..."), haben Mohammeds Anhänger einen konkreten Auftrag zur Eroberung der Welt im Namen Gottes.

Allerdings, und diese Randnotiz sei mir hier erlaubt, haben sich im späteren Verlauf der Geschichte die institutionalisierten christlichen Kirchen keineswegs immer so friedfertig und unpolitisch verhalten, wie man das auf Grund der Lehre ihres Begründers und Namensgebers hätte erwarten können. Vielmehr standen sie in ihrer politischen Aktivität und ihrer Gewaltbereitschaft bei der Ausbreitung ihrer Lehre dem Islam in nichts nach. Und noch etwas muss hier zum Verhältnis zwischen Islam und Christentum ergänzt werden: für Mohammed war der heidnische Götzendienst der Staatsfeind Nummer eins; das Christentum, wie auch das Judentum, war für ihn eine verwandte, tolerierbare Religion, hatten all diese Religionen doch gemeinsame Wurzeln und auch eine gemeinsame religiöse Kernaussage: „Es gibt nur einen Gott".

-

Nach Mohammeds Tod ging die Macht im Staat und gleichzeitig die religiöse Führerschaft zunächst auf Verwandte über und es bildete sich schließlich die Position des Kalifen (Nachfolger) heraus, die durchaus vergleichbar ist mit der des abendländischen Kaisers, des obersten Führers der durch die große Klammer des gemeinsamen Glaubens definierten Welt. Sitz des Kalifen und damit Zentrum der islamischen Welt wurde für lange Zeit Damaskus. Die herrschende Familie wurde zunächst die der Omayyaden, die vom zweiten Kalifen Omar abstammte.

Jetzt begannen Mohammeds Nachfolger, seinem Auftrag folgend, mit der Eroberung der Welt. Begünstigt durch die Schwäche des untergegangenen klassischen römischen Reichs und des mittlerweile ebenfalls deutlich schwächelnden byzantinischen (oströmischen) Reichs gelang ihnen vergleichsweise rasch die Eroberung der nordafrikanischen Mittelmeerküste, die spätestens 711 abgeschlossen war.

Damit hat eine Auseinandersetzung begonnen, die bis heute andauert. War nämlich bis dahin das Mittelmeer das „mare nostrum", also ein friedliches abendländisch-römisches Binnenmeer, so war es jetzt zur umkämpften Grenze zwischen zwei von ihren jeweiligen Weltanschauungen geprägten Zivilisationskreisen geworden. Die folgenden Jahrhunderte sehen erbitterte Kämpfe von teilweise unvorstellbarer Grausamkeit auf dem und rund um das Mittelmeer, mit einem zeitweisen Übergewicht der einen oder der anderen Seite. Wirklich entschieden ist dieser Kampf bis heute noch nicht.

-

Im Jahre 711 überschreiten die Araber, mittlerweile auch unterstützt von in Nordafrika ansässigen, zum Islam bekehrten Stämmen, die Meerenge von Gibraltar, vernichten das dortige Westgotenreich und erobern bis auf einen kleinen Landstrich im Nordwesten die gesamte iberische Halbinsel. Als sie danach die Pyrenäen überschreiten und sich Südfrankreichs bemächtigen, stoßen sie schließlich auf Karl Martell, der gerade dabei ist, das Frankenreich zusammen zu schmieden. Karl Martell, Namensgeber der Dynastie der Karolinger und Großvater des späteren ersten „deutschen" Kaisers Karls des Großen, schlägt 732 die Araber in der Schlacht zwischen Tours und Poitier und bringt damit die islamische Expansion an ihrer weitesten Ausdehnung zum Stillstand.

Zweihundert Jahre nach Mohammeds Tod hatten sich die Machtverhältnisse in der arabischen Welt tiefgreifend verändert. Um 750 war die Herrscherfamilie der Omayyaden aus Damaskus vertrieben und bis auf ein einziges Mitglied ausgerottet worden. Die rivalisierende Familie der Abbasiden hatte die Macht übernehmen können und ihren Regierungssitz nach Bagdad verlegt, das jetzt das Zentrum der arabischen Welt war. Der einzige Nachkomme der Omayyaden, der damals gerade 25 Jahre alte Abd ar Rahman, hatte allerdings nach Spanien entkommen, dort Anhänger um sich scharen und die Macht über das Land al Andalus übernehmen können.

Den Abbasiden in Bagdad, obwohl uneingeschränkte Herrscher über die arabische Welt, war es mittlerweile nicht mehr möglich, in allen Teilgliederungen ihres Herrschaftsbereiches die Geschicke der Politik im Einzelnen zu bestimmen. Es entstanden Teilstaaten, deren Eigenständigkeit umso größer war, je weiter sie von Bagdad selbst entfernt waren. Typisches Merkmal für die relative Unabhängigkeit eines solchen Teilstaates war die Tatsache, dass der dortige Herrscher nicht mehr persönlich vom Kalifen in Bagdad ernannt wurde, sondern diese Herrschaft erblich wurde. Einer dieser neuen Staaten war der Machtbereich der Aghlabiden, etwa im Bereich des heutigen Tunesien und Libyen.

-

Diese Aghlabiden sind es, die um 830 eine weitere Welle der Expansion in Richtung Europa, und zwar über das Mittelmeer nach Norden, nach Sizilien und Süditalien beginnen. In Teilen Siziliens können sie sich festsetzen und auch auf dem italienischen Festland gelingt ihnen zeitweise der Aufbau regionaler Staatsgebilde. Von dort aus unternehmen sie Beutezüge und dringen einmal sogar bis nach Rom vor.

Es ist umstritten, welche Rolle die maltesischen Inseln ab dem Beginn der Eroberung Siziliens durch die Aghlabiden spielte. Man sollte erwarten, dass diese Eroberer auf ihrem Weg nach Norden über Malta gestolpert sind. Dass sie hier erst 870 endgültig gelandet sind, verlangt nach einer plausiblen Erklärung. Ich habe dafür zwei mögliche, recht unterschiedliche Erklärungen, die beide in sich schlüssig, beide aber gleichermaßen unbewiesen sind.

Zum Einen kann es sein, dass in dem Verteidigungsgefüge, welches das byzantinische Reich zur Aufrechterhaltung seiner Seemacht unterhielt, Malta mit seinen ausgezeichneten Naturhäfen eine bedeutende Rolle gespielt hat. Wenn dem so war, so waren hier starke militärische Kräfte zusammen gezogen, von denen die Araber wussten und um die sie zunächst einen großen Bogen machten.

Die andere, weit weniger schmeichelhafte Erklärung wäre die, dass die maltesischen Inseln einfach nicht attraktiv und wichtig genug erschienen, um sie unter womöglich großen Opfern zu erobern. Und mit der Eroberung Siziliens und der süditalienischen Küste hatte man Malta ohnehin vom Rest des byzantinischen Reichs isoliert.

-

Von 870 bis 1090 standen die maltesischen Inseln unter arabischer Herrschaft und waren Teil des afrikanisch-arabischen Staatsgebildes, zu dem jetzt auch Teile Siziliens und Süditaliens gehörten.

Gozo, unter den Römern noch als „Gaulus" bezeichnet, hatte unter den Byzantinern „Gaudes" geheißen. Dieser Name wurde von den Arabern, so gut das ging, übernommen, nur das „G" am Anfang konnten sie wohl nicht aussprechen. Und so lautete damals im Arabischen und lautet auch noch heute im Maltesischen der Name der Insel Ghawdex (*audesch*).

War die Bevölkerung zuvor überwiegend christlichen Glaubens – ein paar wenige jüdische Familien hat es immer gegeben – so überwog jetzt der Islam. Dabei scheint es, dass bei der Rückeroberung, die 1090 begann und die Gozo und Malta dem Königreich Sizilien einverleibte, nur christliche Sklaven hier vorgefunden wurden, das Christentum also im Wesentlichen ausgerottet war.

Unter der dann folgenden sizilianischen Herrschaft behielt der Islam zunächst eine gewisse Bedeutung. Wir kennen Zahlen aus den Jahr 1241, wonach zu diesem Zeitpunkt von den 366 auf Gozo wohnenden Familien 208 christlich, 155 islamisch und 8 jüdisch waren.

Was aber geschah genau bei und nach der islamischen Eroberung? Wurde die einheimische Bevölkerung zum Islam bekehrt oder ist sie vertrieben oder ausgerottet und durch Immigranten aus dem islamischen Raum ersetzt worden?

Diese Frage ist identisch mit der Frage nach der Herkunft des maltesischen Volkes: stammt es, wie gerne erzählt wird, unmittelbar von den Phöniziern der vorchristlichen Zeit ab und hat durch die Wirren der islamischen Besetzung fortbestanden, oder stammt es von den in der islamischen Zeit zugezogenen Arabern ab?

Als zu Beginn des zwanzigsten Jahrhunderts, unter britischer Kolonialherrschaft, ein maltesischer Nationalgedanke aufkam, haben dessen Protagonisten der phönizischen Abstammung zugeneigt. Das geschah aber weniger auf Grund historischer Fakten, sondern vielmehr, um sich von der eher unpopulären arabischen Welt zu distanzieren. Die Phönizier hielt man damals für ein indoeuropäisches Volk, so dass eine solche Abstammung das maltesische Volk näher an Europa rückte. Auch die katholische Geistlichkeit schloss sich dieser Lesart gerne an, macht doch die Legende von der frühen Christianisierung durch Paulus persönlich, wonach die Malteser das erste christliche Volk Europas sind, nur so richtig Sinn.

Allerdings gibt es Fakten, die eindeutig gegen die phönizische und für eine arabische Abstammung sprechen. Allem voran ist da die maltesische Sprache zu nennen, die in der heimischen Bevölkerung alle Fremdherrschaften überdauert hat und in der ersten Hälfte des zwanzigsten Jahrhunderts zur Schriftsprache entwickelt und danach auch als offizielle Amtssprache eingeführt wurde.

Diese maltesische Sprache ist in ihren Grundzügen ein arabischer Dialekt. Elementare Wörter wie Gott (Allah), Haus (dar), Quelle (ghajn) oder Wasser (ilma) sind mit den entsprechenden arabischen Wörtern identisch. Ortsnamen wie Mdina (arabisch für „befestigte Stadt", Rabat (arabisch für „Vorstadt") oder Mgarr (arabisch für „Hafen") sind unzweifelhaft arabischen Ursprungs. Und schließlich ist es eine bekannte Tatsache, dass Gozitaner, in deren Dialekt sich die ursprüngliche Sprache reiner erhalten hat als im Hochmaltesischen, sehr wohl in der Lage sind, das Ägyptische zumindest weitgehend zu verstehen.

Es kann also keinen Zweifel daran geben, dass die maltesische Sprache während der islamischen Zeit zwischen 870 und 1090 nach Malta und Gozo gekommen ist.

Nun wäre immer noch denkbar, dass die Einwohnerschaft Gozos und Maltas fortbestanden und lediglich ihre Sprache von den zuziehenden Arabern übernommen hat. So etwas funktioniert aber nur, wenn die zuziehende Bevölkerung zumindest ein numerisches Übergewicht hat und sich überdies mit der vorhandenen Bevölkerung mischt.

Versuchen wir doch einmal, die Veränderung der Einwohnerschaft Gozos um 870 herum zu rekonstruieren: aus den schon erwähnten Zahlen von 1241 können wir wohl schließen, dass auch vor 870 kaum mehr als 2.000 Einwohner auf Gozo lebten. Aus der Kenntnis des römisch-byzantinischen Feudalsystems können wir folgern, dass diese Einwohnerschaft auf vermutlich etwa zwei Dutzend Domänen gearbeitet hat, deren Eigentümer nicht selbst anwesend waren. Wir haben ja früher schon gehört, dass der Bischof von Rom einer dieser Grundbesitzer war.

Eine solche Domäne wurde von einem Beauftragten des Grundbesitzers betrieben, der seinerseits ein oder zwei Aufseher beschäftigte. Der Rest der Bevölkerung waren Unfreie und Sklaven, wobei die Unfreien gegen eine geringe Entlohnung arbeiten mussten und daneben vielleicht noch kleine Stücke Land zur eigenen Versorgung bewirtschaften durften.

Neben alledem gab es sicher noch einige Verwaltungsbeamte, Geistliche, Soldaten mit gleichzeitiger Polizeifunktion, und vermutlich noch ein paar Händler.

Alles in allem dürfte die Ober- und Mittelschicht aus Gutsverwaltern, Aufsehern, Beamten, Geistlichen, Militärs und freien Händlern nicht mehr als 100, zusammen mit ihren Familien vielleicht 400 Personen ausgemacht haben. Die Gruppen der Sklaven und Unfreien umfassten demnach jeweils etwa 800 Personen.

Als nun 870 die Araber Gozo eroberten, ist die Ober- und Mittelschicht sicherlich verschwunden. Der Eine oder Andere konnte vielleicht fliehen, wenn wir davon ausgehen, dass auch Schiffe hier stationiert waren, die eine Flucht ermöglichten. Wer aus dieser Gruppe den Arabern in die Hände fiel, wurde zweifellos erschlagen oder versklavt.

Von den vorhandenen Sklaven war ein großer Teil selbst islamisch und stammte aus Afrika oder Arabien. Dieser Teil hat sich entweder den Eroberern direkt angeschlossen oder aber seine Befreiung genutzt, um in seine Heimat zurückzukehren. Nicht islamische Sklaven werden die Eroberer einfach in ihren Besitz übernommen haben.

Was mit den Unfreien geschah, können wir nicht wissen. Vielleicht sind einige von ihnen unbehelligt geblieben und konnten auf ihrem Land bleiben und weiterhin davon leben. Voraussetzung dafür war aber der Übertritt zum Islam. Zwar bot, wie wir aus Spanien wissen, der Islam grundsätzlich die Möglichkeit, gegen die Zahlung von Steuern den eigenen Glauben zu behalten. Dass aber ein von seinem Land lebender gozitanischer Kleinbauer diese Steuern aufbringen konnte, halte ich für ausgeschlossen.

Insgesamt ist es also höchst wahrscheinlich, dass Gozo, und das trifft in größerem Maßstab auch auf Malta zu, weitestgehend, wenn nicht sogar vollständig entvölkert wurde. Und damit war Platz geschaffen für den Zuzug islamischer Araber aus Nordafrika. Wann genau die Wiederbesiedlung Gozos und Maltas dann tatsächlich erfolgte, wissen wir natürlich auch nicht. Denkbar ist jedenfalls, dass Gozo für eine gewisse Zeit weitgehend menschenleer blieb und erst im Laufe der 220 Jahre islamischer Oberherrschaft ein langsamer Zuzug erfolgte.

Vielleicht hat Gozo auch eine von Malta abweichende Besiedlungsgeschichte. Während nämlich Malta bald von Nordafrika her besiedelt wurde, könnte Gozo zunächst unbeachtet geblieben sein. Erst als in der Mitte des 11. Jahrhunderts die Byzantiner versuchten, Sizilien zurück zu erobern, zwangen sie die islamischen Bewohner ganzer Städte zur Flucht. Diese Vertriebenen könnten dann auf ihrer Suche nach einer neuen Heimat das menschenleere Gozo gefunden und besiedelt haben. So wäre zu erklären, dass die Gozitaner bis heute ein klein wenig anders sind als die Malteser. Und so wäre auch zu erklären, dass 500 Jahre später die in Gozo vorkommenden Familiennamen so völlig anders sind als diejenigen in Malta.

-

Andere Zeugnisse der arabischen Herrschaft, wie etwa Bauwerke oder Gräber, sind nicht überliefert. Gesiedelt haben die arabischen Einwanderer, wie auch ihre Vorgänger, im Bereich der Zitadelle, die sie typischerweise Mdina nannten. Dort ist aber in der Folgezeit so viel um und neu gebaut worden, dass von arabischen Häusern nichts mehr übrig ist. Auch der bekannte Grabstein der Maimuna, eindeutig arabischer Herkunft, stammt aus einer späteren Zeit, in der immer noch ein gewisser Bevölkerungsanteil islamisch war und der arabischen Tradition, in diesem Fall der Schrift, anhing.

Zwei augenfällige Ausnahmen gibt es jedoch: die typisch maltesischen Balkone und die Terrassierung der Berghänge zur besseren landwirtschaftlichen Nutzung.

Die Balkone, üblicherweise vor das repräsentative Wohnzimmer im ersten Stock eines Hauses angebaut und mit Holzwänden und Fenstern umfasst, boten der islamischen Frau die Möglichkeit, das Treiben auf der Straße zu verfolgen, ohne dabei selbst gesehen zu werden. Dieser Baustil hat sich bis in die Gegenwart erhalten, obwohl die heute typischerweise katholische Gozitanerin es vorzieht, vor ihrer Haustür zu sitzen und mit den Nachbarinnen zu plaudern.

Die als Terrassen angelegten, an steileren Hängen oft recht kleinen Felder der gozitanischen und maltesischen Bauern prägen das ländliche Landschaftsbild beider Inseln. Diese Technik, bei der durch mörtelfreie Stützmauern ebene Flächen entstehen, verhindert die Bodenerosion, ermöglicht die Bewässerung und erleichtert die Bearbeitung der Felder. Sie ist die Grundlage für die besonders in Gozo seit Jahrhunderten erfolgreich betriebene Landwirtschaft und geht ganz offensichtlich auf eine nordafrikanische Tradition zurück. Wenngleich alte arabische Mauern sicher heute nicht mehr stehen, denn länger als ein oder zwei Jahrhunderte hält eine solche Mauer der Witterung nicht stand, so ist doch die Bautechnik ein bis heute deutlich sichtbares, arabisches Erbe.

Gozo ist nicht Malta

Sicher, Gozo ist politisch und rechtlich ein Teil der Republik Malta, und die Insel ist geografisch ein Teil des maltesischen Archipels - dessen zweitgrößte Insel.

Die Gozitaner aber bezeichnen sich selbst keineswegs als Malteser, sondern eben als Gozitaner. Malteser, das sind die von der anderen Insel.

Für einen Außenstehenden ist das zunächst einmal schwer nachzuvollziehen, ist doch die Republik Malta mit ihren weniger als vierhunderttausend Einwohnern selbst für europäische Kleinstaaterei ein seltsam kleines Gebilde.

Trotzdem, die Gozitaner fühlen sich als etwas Eigenständiges, blicken allenfalls nach Malta hinüber wie zu einem ungeliebten, aber auch unvermeidlichen großen Bruder. Was übrigens von den "richtigen" Maltesern durchaus bestätigt wird, die nämlich auf Gozo herabblicken wie auf einen unterentwickelten und leicht beschränkten kleinen Bruder, der auch noch beständig der Unterstützung bedarf.

Man hat sich arrangiert, man lebt in einem gemeinsamen Staat, aber man hat eine eigene Identität. Nicht etwa, dass es eine ernst zu nehmende separatistische Bewegung gäbe, das zum Glück nicht. Aber immerhin, es gibt in der maltesischen Regierung ein Ministerium für gozitanische Angelegenheiten. Und, zumindest soweit ich das verfolgen konnte, ist der Amtsinhaber stets auch ein Gozitaner gewesen. Man stelle sich vor, in der deutschen Bundesregierung gäbe es ein etabliertes Ressort für Angelegenheiten des Freistaats Bayern mit einem bayrischen Minister an der Spitze.

Joseph Bezzina bringt das Verhältnis zwischen Gozitanern und Maltesern in seiner kleinen Biographie des vielleicht einzigen wirklich gozitanischen Politikers, Francesco Masini (1894 - 1962), auf den Punkt: "the Gozitans are Maltese inasmuch as the Scottish are British, or the Sicilians are Italians" (*die Gozitaner sind genau so sehr Malteser wie die Schotten Briten oder wie die Sizilianer Italiener sind*). Nun, Joseph Bezzina ist sicher mir den schottisch/britischen und den sizilianisch/italienischen Verhältnissen besser vertraut als mit dem bayrisch/deutschen Konflikt. Mir scheinen alle Vergleiche einerseits recht treffend zu sein und andererseits die Situation genügend zu karikieren.

Jedenfalls achten die Gozitaner, seit 1988 sogar mit behördlicher und ministerieller Unterstützung, stets darauf, dass sie im Verbund mit Malta, womit sie jetzt die Hauptinsel meinen, auf keinen Fall zu kurz kommen. Geld für Straßenbauten, für Versorgung mit Elektrizität oder für die Telekommunikations-Infrastruktur wird peinlich genau aufgeteilt; an sich selbstverständlich, aber für Gozitaner eine Frage der staatlichen, gozitanischen Ehre.

Glücklicherweise hat Gozo gegenüber der Hauptinsel drei erhebliche Vorteile: das Trinkwasser, die Landwirtschaft und Ta'Pinu.

Trinkwasser hatte Gozo, zumindest früher, aufgrund seiner Brunnen mehr als genug. Dieses Trinkwasser konnte deshalb sogar über eine unterseeische Pipeline exportiert werden. Nach Malta, versteht sich.

Die Landwirtschaft Gozos produziert aufgrund des besseren Bodens und Klimas und aufgrund der geringeren Zersiedlung etwa doppelt so viel wie die Hauptinsel.

Aber von besonderer Bedeutung ist das nationale Heiligtum Maltas, jetzt wieder der gesamten Nation, das "Lourdes Maltas", die Kirche "Ta'Pinu", auf welche die Gozitaner durchaus stolz sind und die in der folgenden Geschichte eine entscheidende Rolle spielt. Die Kirche geht zurück auf eine Marienerscheinung im Jahr 1883. Dort, wo heute die große Kirche steht, stand damals eine kleine Kapelle. Und in dieser Kapelle hörte ein Mädchen aus Gharb namens Karmni Grima die Stimme der Mutter Jesu, die sie aufforderte, drei Ave Maria zu beten in Erinnerung an die drei Tage, die Jesus nach seinem Tod am Kreuz im Grab verbringen musste. Die Kapelle ist im Inneren der Kirche zu sehen, und auch das Wohnhaus der Karmni Grima in Gharb ist erhalten und wird heute noch vorgezeigt.

Im Jahr 1990 hat der "eilige Vater", Papst Johannes Paul II, auf einer seiner vielen Reisen durch die Welt auch Malta besucht. Angesichts des enormen Eifers, mit dem die Malteser dem katholischen Glauben anhängen, ist es übrigens durchaus erstaunlich, dass eben dieser zweite Johannes Paul der erste amtierende Papst war, der Malta in offizieller Mission besuchte. Und auch diesem Papst schien Malta nicht von allergrößter Bedeutung zu sein, war es doch erst sein achtundvierzigster Staatsbesuch, der ihn schließlich nach Malta führte. Wenn also Johannes Paul nicht ganz so reiselustig gewesen wäre, hätte Malta nach nunmehr fast 2000 Jahren weiterhin auf den Besuch eines Nachfolgers Petri warten müssen.

So also geschah es, dass Papst Johannes Paul II am 25. Mai 1990 in Malta eintraf. Noch heute sind die Gozitaner stolz darauf, dass er bei dieser Gelegenheit, gleich am folgenden Tag, auch ihre Insel besuchte. Der Grund hierfür war eben jene Kirche von Ta'Pinu und ihr Status als nationaler Wallfahrtsort.

Ganz nebenbei brachte dieser Papstbesuch auch einen bemerkenswerten infrastrukturellen Vorteil für Gozo, denn die Straßen, die der Heilige Vater damals befuhr, vom Hafen Mgarr über Ghajnsielem, Xewkija und Victoria nach Ta'Pinu, erhielten aus diesem Anlass eine wunderbare neue Teerdecke. Lange Zeit war deshalb dieser Straßenabschnitt mit Abstand der beste auf ganz Gozo.

Im Angedenken an dieses historische Ereignis wurde die Ausfallstraße, die von Victoria nach Nordwesten, zu den Dörfern Gharb und St. Lawrenz, aber eben auch nach Ta'Pinu führt, nicht nur geteert, sondern auch neu benannt. Sie heißt seither Triq Papa Gwann Pawl II (*Papst-Johannes-Paul-II-Straße*). Ein kleines Denkmal am Beginn dieser Straße in Victoria erinnert daran.

Bezeichnend aber für die Empfindlichkeit der Gozitaner war ein Vorfall, der sich bei eben jenem Papstbesuch ereignete, oder besser gesagt: nicht ereignete.

Wie wir alle wissen, ist jener Papst viel in der Welt herumgekommen; es war Bestandteil seines politischen Programms, nicht im Vatikan zu sitzen und auf die Gläubigen zu warten, sondern vielmehr die Welt zu bereisen und die Gläubigen auch in den entferntesten Ländern persönlich aufzusuchen.

Und wann immer er ein neues Land betrat, kniete er nieder und küsste die Erde, eine Geste, mit der er dem besuchten Land Ehre erwies. Böse Zungen behaupten allerding, diese Angewohnheit sei auf seine ausgeprägte Flugangst zurückzuführen und in Wirklichkeit ein Ausdruck der Erleichterung gewesen.

Als er nun aber erstmals gozitanischen Boden betrat - Tausende Gozita-ner hatten im Hafen jubelnd Aufstellung genommen - tat er nichts dergleichen. In Unkenntnis der Situation versäumte er es, bei seiner Ankunft den gozitanischen Boden zu küssen.

Ein faux pas, von dem man hier in Gozo bis heute spricht und den man ihm nie verziehen hat.

Normannen, Schwaben, Angeviner und Aragonesen

Wird in der offiziellen maltesischen Geschichtsschreibung, zumindest soweit sie dem ausländischen Besucher zugänglich ist, die arabische Zeit eher knapp und fast mit einem gewissen Abscheu erwähnt, so folgt danach eine Epoche, die von Normannen, Schwaben, Angevinern und Aragonesen bestimmt wurde.

Normannen? Das ist doch ein Volk im Norden Frankreichs, das von Käse, Meeresfrüchten, Cidre und dem gleichnamigen Apfelschnaps aus der Region Calvados lebt. Wir wissen, dass sie mit der Erfindung des *trou norman*, dem normannischen Loch, entscheidend zur französischen Lebensart beigetragen haben. Was sollen diese Normannen mit Gozo zu tun haben?

Schwaben? Auch sie ein regionaler Volksstamm, diesmal angesiedelt im Süden Deutschlands, bekannt als geizige Häuslebauer mit hervorragendem Erfindergeist, die, wenn man einer aktuellen Werbung glauben darf, alles können außer Hochdeutsch. Die sollen hier in Gozo gewesen sein?

Und schließlich Angeviner und Aragonesen? Von den erst Genannten hat man noch gar nichts gehört, und Aragon, das liegt doch irgendwo in Spanien.

Was also steckt hinter all diesen Namen?

Die Normannen

Wir schreiben das Jahr 1016, als die Stadt Salerno am Golf von Neapel verzweifelt nach Verstärkung sucht gegen ein aus dem Süden heranrückendes Heer der Araber, die sich schon vor fast 200 Jahren auf der italienischen Halbinsel festgesetzt haben und von dort ihre Nachbarn regelmäßig mit Raubzügen belästigen. Da ankert ein seltsames Schiff in der Bucht vor der Stadt. Es ist, ungewöhnlich für diese Gegend, mit einem geschnitzten Drachen am Bug geschmückt: Normannen, die, so jedenfalls behauptet der Kapitän des Schiffes den

Hafenbehörden gegenüber, auf der Rückreise von einer Pilgerfahrt nach Jerusalem sind.

Einer der Anführer der bis auf die Zähne bewaffneten Pilgergruppe ist ein normannischer Adliger namens Tankred von Hauteville. Seine Sippschaft, der man ansieht, dass sie nur ungern einem ordentlichen Streit aus dem Weg geht, sucht ohnehin gerade nach der Möglichkeit, durch Söldnerdienste ihre Pilgerkasse aufzubessern und ist nur allzu gern bereit, den Salernitani zu helfen. Allerdings verlangt sie zusätzlich zu ihrem Sold noch das Recht, sich irgendwo in der Nähe niederzulassen, denn offensichtlich gefallen den Normannen die Gegend um Salerno und auch das dortige Klima so gut, dass sie gar nicht mehr die feste Absicht haben, in ihre raue Heimat und deren berüchtigten Nieselregen zurück zu kehren.

Diese Normannen, ein See- und kampferprobtes Volk aus dem Norden Europas, hatten etwa 150 Jahre zuvor begonnen, sich im nördlichsten Teil Frankreichs niederzulassen, was dem Landstrich dort auch zu seinen Namen verhalf. Einer von ihnen, ein gewisser Wilhelm, sollte 50 Jahre später, 1066, mit einer Schar Getreuer nach England übersetzen, dort in der Schlacht bei Hastings die verteidigenden Angelsachsen besiegen und sich selbst zum König von England machen. Diese spektakuläre Aktion sollte ihm den Beinamen „der Eroberer" einbringen.

-

Unsere normannischen Pilger, allen voran Tankred von Hauteville und sein Anhang, halfen jedenfalls erfolgreich bei der Verteidigung von Salerno mit und ließen sich tatsächlich nieder. 1030 gründete der zweitälteste Sohn Tankreds, Rainulf Drogonet, genannt Drogo, die Stadt Aversa und nannte sich und seine Nachfahren fortan „von Aversa".

Überhaupt Söhne: Tankred soll zehn, nach anderen Quellen sogar 14 Söhne gehabt haben, von denen mindestens die drei ältesten, nämlich der schon erwähnte Drogo sowie Wilhelm Eisenarm und Robert Guiscard, schon auf dem Pilgerschiff vor Salerno dabei waren. Später kamen noch mehr Söhne des Tankred aus der Normandie nachgezogen, wobei sie natürlich nicht als Alleinreisende kamen, sondern sicherlich ebenso wie die ersten Pilger einen schlagkräftigen Anhang mitbrachten. Und weil auch ihnen Gegend und Klima gut gefielen, machten sie sich daran, sowohl Byzantiner als auch Araber, die sich in dem lang andauernden Kampf gegeneinander wohl genügend geschwächt hatten, zu vertreiben und sich die eroberten Städte und Landschaften zu eigen zu machen. Tankred selbst starb 1051, und im Jahr 1059, zu diesem Zeitpunkt schon eine nennenswerte regionale Macht, unterstützten die Hauteville-Brüder eine bis heute umstrittene Papstwahl in Siena, bei der ein regionaler Kirchenfürst auf den Stuhl Petri gesetzt wurde. Zum Dank wurden sie mit Lehen belohnt, die sie teilweise ohnehin schon erobert hatten und auch mit solchen, über die der Papst genau genommen gar nicht verfügen konnte.

Unter anderem wurde Robert Guiscard bei dieser Gelegenheit Herzog von Apulien und Kalabrien, und darüber hinaus gab ihm der Papst auch Sizilien zum Lehen, das sich zu der Zeit noch die Byzantiner und die Araber teilten; Robert Guiscard war noch nie dort gewesen, hatte aber offensichtlich die Absicht, dort mal vorbei zu schauen. Es war dann aber der jüngste der Brüder, Roger, der 1061 Messina und schließlich 1072 Palermo einnahm; Robert Guiscard selbst hatte sich nämlich in der Zwischenzeit nach Osten gewandt und versuchte, dem Kaiser von Byzanz Teile Griechenlands zu entreißen.

Wenig später, 1076, begingen die Normannen noch die Geschmacklosigkeit, mit Salerno diejenige Stadt zu unterwerfen, von der sie ursprünglich zu Hilfe gerufen worden waren. Wiederum einige Jahre später eroberten sie auch Tarent, was Robert Guiscard die Gelegenheit bot, seinen ältesten Sohn Bohemund von Tarent zu nennen. Dieser Bohemund von Tarent war es dann später, der bei dem ersten Kreuzzug von 1096 bis 1099 eines der drei christlichen Truppenkontingente anführte, von denen zwei überwiegend aus Normannen bestanden.

-

Roger, mittlerweile Herr über Sizilien mit Regierungssitz in Palermo, begann bald, seine Fühler in Richtung Süden auszustrecken. Er machte Eroberungen im östlichen Tunesien und in Libyen, die er aber alsbald wieder aufgeben musste. 1090 kam er dabei auch nach Gozo und Malta, verpflichtete die hier ansässigen und offensichtlich wenig verteidigungsbereiten Araber zu Tributzahlungen und erklärte die Inseln zu einem Teil seines Staatsgebiets.

Die Ankunft Rogers, hier in Malta heißt er Roger der Normanne, wird in den hiesigen Legenden etwa wie folgt erzählt: die armen und unterdrückten christlichen Einwohner eilten zum Strand, um ihren Befreier willkommen zu heißen. Roger stieg aus seinem Schiff und nahm, gerührt ob des herzlichen Empfangs, die normannische Flagge von seinem Schiff ab, riss sie entzwei, gab den christlichen Maltesern eine Hälfte und sagte: „Ihr seid jetzt meine Untertanen, und dies sei eure neue Fahne." Die normannische Fahne soll aus 4 Quadraten in Rot und Weiß bestanden haben, so dass eine Hälfte davon die bis heute geltende rot-weiße maltesische Flagge ergab.

Soweit die Legende. In Wirklichkeit waren allenfalls einige christliche Sklaven auf der Insel, die sicherlich nicht die Gelegenheit hatten, Roger zum Strand entgegen zu eilen. Mag sein, dass Roger im Rahmen der Kapitulationsverhandlungen auch Erleichterung oder gar Freilassung für diese Sklaven erwirkt hat. Wahrscheinlich ist das aber nicht, denn Roger hatte es zweifellos in erster Linie auf reiche Beute abgesehen. Er nahm auch keinerlei Veränderung an der bestehenden Verwaltungsstruktur vor. Das sollte erst 37 Jahre später geschehen.

-

Wenn wir früher gesagt haben, die arabisch-islamische Zeit sei 1090 mit der Ankunft Rogers des Normannen zu Ende gegangen, so ist dies nur im völkerrechtlichen Sinn richtig. Tatsächlich waren die maltesischen Inseln von diesem Datum an, und sollten es bis zum Wiener Kongress von 1815 bleiben, Teil des Königreichs Sizilien. Von nun an, allerdings nur bis 1530, dem Einzug des Johanniterordens, folgte Malta der Geschichte Siziliens.

Verwaltung und Kultur Gozos und Maltas blieben zunächst islamisch, das Leben ging unverändert weiter. Lediglich die jährlichen Tributzahlungen müssen den Einwohnern lästig gewesen sein. Jedenfalls beschlossen sie um 1122, diese Zahlungen einzustellen. Ob sie das Geld, etwa wegen Missernten, nicht aufbringen konnten, oder ob sie nur die Macht der Normannen in Sizilien austesten wollten, weiß ich nicht.

Inzwischen war, seit 1105, Rogers Sohn unter dem Namen Roger II Herr über Sizilien und sollte 1130, nachdem alle Konkurrenten ausgeschaltet waren, König von Sizilien und Süditalien werden. Roger II raffte 1127 eine Streitmacht zusammen, erschien damit in Malta, richtete ein Blutbad unter der maltesischen Oberschicht an und setzte eine Verwaltung ein, die er aus eigenen Gefolgsleuten rekrutierte. Diese waren nun Christen, so dass man mit Fug und Recht das Datum des Feldzugs Rogers II, also 1127, als Ende der islamischen Epoche ansetzen kann.

Mit den christlichen Verwaltungsbeamten sind sicherlich auch Geistliche in Gozo und Malta angekommen, die jetzt mit der Bekehrung der islamischen Bevölkerung zum Christentum begannen. Dabei gab es aber ein kleines Problem: die christliche Kirche war inzwischen wieder einmal gespalten, nachdem sich 1054 führende Kirchenvertreter Roms und Konstantinopels über einige liturgische Verfahrensfragen so heillos zerstritten hatten, dass sie sich gegenseitig mit dem Bannfluch belegten. Dieses Schisma (griechisch für „Spaltung") zwischen römischer Kirche und griechisch orthodoxer Kirche dauert bis heute an.

Weil Sizilien bis zur Eroberung durch die Normannen byzantinisch gewesen war, war das dortige Volk, zumindest dessen christlicher Anteil, naturgemäß griechisch orthodox. Die normannische Herrscherschicht dagegen hing der römischen Kirche an. Deshalb ist die Missionsarbeit hier in Gozo und Malta nicht einheitlich gewesen, sondern Geistliche beider Richtungen haben erbittert um ihre Schäfchen gestritten. Zumindest von Sizilien weiß man, dass Muslime, wenn sie denn zum Christentum übertraten, die griechisch orthodoxe Variante bevorzugten, vielleicht auch nur deshalb, weil sie die römische Variante als Religion der normannischen Eroberer identifizierten, gegen die sie eine gewisse Abneigung empfanden. Das wird hier in Gozo nicht anders gewesen sein.

-

Unter König Roger II erlebte das normannische Reich in Süditalien und Sizilien seine größte Blüte und Machtentfaltung. Zu dieser Zeit verfestigte sich etwas, was später unter der Bezeichnung „Königreich beider Sizilien" bekannt werden sollte, ein Reich, das zwar den Namen der größten Insel des Mittelmeers trug, insgesamt jedoch aus zwei geografisch getrennten Gebieten bestand. Später in der Geschichte werden diese beiden Teile mehrfach getrennt und wieder vereinigt. Wenn wir also jetzt vom Königreich Sizilien sprechen, so ist damit nicht nur die Insel selbst, sondern auch der Festlandsteil gemeint.

Nach König Rogers Tod im Jahre 1154 folgte ihm zunächst sein Sohn Wilhelm I, genannt „der Böse" nach. Von 1166 bis 1189 saß schließlich mit Wilhelm II, genannt „der Gute", der letzte Nachfahre Rogers des Normannen auf dem sizilianischen Thron.

Offensichtlich selbst kinderlos, sah sich Wilhelm der Gute mit dem Problem konfrontiert, seine Nachfolge zu regeln und damit das Fortbestehen seines Königreichs zu sichern. Und das tat er auf eine äußerst geschickte Weise: Hauptakteure auf der politischen Bühne Italiens waren zu dieser Zeit neben ihm selbst der Papst in Rom, der ziemlich unverhohlen die Macht über ganz Italien anstrebte und den guten Wilhelm gern beerbt hätte, sowie der deutsche Kaiser, der zumindest Norditalien für sich beanspruchte. Woher diese deutschen Kaiser kamen, die jetzt auch für kurze Zeit in Sizilien mitmischten, müssen wir uns ansehen.

Die Staufer

1138 wurde mit Konrad III ein Mann deutscher Kaiser, der mütterlicherseits von dem Kaisergeschlecht der Salier abstammte. Die Salier-Kaiser, um dies kurz zu erwähnen, waren diejenigen, die den Investiturstreit mit den Päpsten ausfochten, der mit Kaiser Heinrich IV 1077 in Canossa seinen dramaturgischen Höhepunkt gefunden hatte und der schließlich mit dem Wormser Konkordat von 1122 beigelegt worden war.

Konrads Vater hieß, wie offensichtlich alle seine bekannten Vorfahren, Friedrich. Er war ein enger Gefolgsmann des Kaisers Heinrich IV und als solcher auch in Canossa dabei gewesen. Wohl zum Dank für seine Treue hatte dieser Friedrich eine Tochter Heinrichs IV zur Frau bekommen, war zum Herzog von Schwaben ernannt worden und hatte schließlich die Erlaubnis erhalten, sich auf dem Berg Staufen einen Stammsitz zu bauen. Folglich nannte er sich und seine Nachfahren „Staufer".

Als Konrad III 1152 starb, sein erster Sohn war kurz zuvor gestorben und ein zweiter Sohn war noch minderjährig, setzte er seinen Neffen

Friedrich III von Staufen, einen Enkel also des ersten Staufers, als Nachfolger ein, der von den deutschen Fürsten auf dem Reichstag in Frankfurt auch bestätigt und dann in Aachen zum Kaiser gekrönt wurde. Er wurde als Kaiser Friedrich Barbarossa zu einer der populärsten Figuren in der deutschen Reichsgeschichte. Seinen Beinamen verdankt er einem offensichtlich starken Bartwuchs, der allerdings nicht, wie man vermuten sollte, rot, sondern blond war.

Mit diesem Friedrich Barbarossa trat nun unser normannischer König Wilhelm der Gute in Verbindung, um mit ihm gegen den Papst und den beiden lästigen Kirchenstaat zu kungeln. Wie damals üblich, strebte man eine Eheschließung zwischen den beiden Häusern an. Barbarossa hatte einen Sohn, Heinrich, der später als Heinrich VI Kaiser werden sollte. Wilhelm tat sich aber schwer, eine geeignete Kandidatin zu finden und holte deshalb seine letzte Verwandte, seine Tante Katharina, eine Tochter Rogers II, aus dem Kloster zurück. 1186 wurden die beiden in Mailand getraut. Ein ungleiches Paar: er gerade 21, sie schon 32 Jahre alt; eine Liebesheirat wird es wohl nicht gewesen sein.

Als Wilhelm der Gute 1189 kinderlos starb, war Friedrich Barbarossa gerade auf einem Kreuzzug, auf dem er 1190 ums Leben kam. Barbarossas Sohn Heinrich als zu Hause gebliebener Regent war in Deutschland zu beschäftigt, um das Königreich Sizilien jetzt schon zu übernehmen. Deshalb kam es nochmals zu einem normannischen Zwischenspiel: ein gewisser Tankred von Lecce, ein vermutlich illegitimer Enkel des Königs Roger II, konnte zunächst König von Sizilien werden. Dieser Tankred von Lecce war es, der Richard Löwenherz, den englischen König, mit Hilfe des sizilianischen Thronschatzes finanziell unterstützte und ihm damit seinen Kreuzzug im Wesentlichen finanzierte. Dies wiederum veranlasste Heinrich, mittlerweile Kaiser Heinrich VI, Richard Löwenherz auf dessen Heimreise in Dürnstein an der Donau kidnappen zu lassen, ihn auf der Burg Trifels in der Pfalz festzusetzen und ein Lösegeld in Höhe der sizilianischen Geldspende zu fordern. Schließlich, so Heinrich, war es ja sein Geld, das Tankred da dem Richard Löwenherz gegeben hatte.

Nach dem Tod des Tankred von Lecce 1194 sah Heinrich VI die Gelegenheit gekommen, seine italienischen Angelegenheiten zu ordnen, und er marschierte in Süditalien ein, um sein sizilianisches

Erbe einzufordern. Weihnachten 1194 wurde er in Palermo zum König von Sizilien gekrönt. Aber am nächsten Tag, am 26. Dezember 1194, ereignete sich etwas noch Folgenschwereres: seine ungeliebte Frau Konstanze brachte in Jesi bei Ancona einen Sohn zur Welt. Auf Anordnung des Kaisers musste die Entbindung in aller Öffentlichkeit erfolgen, so sehr fürchtete Heinrich, dass ihm die normannische Clique womöglich ein fremdes Kind unterschieben könnte.

Weihnachten 1194 markiert demnach auch das Datum, an dem formal die Herrschaft über Gozo von den Normannen auf die Staufer überging.

-

Mit dem frühen Tod des schwer kranken Heinrich VI im Jahr 1197 ging es mit der Macht der Staufer zunächst so weit bergab, dass sich die Kandidaten für den Kaiserthron aus den Häusern der Staufer und der Welfen die Unterstützung fremder Mächte holen mussten, die Staufer in Frankreich und die Welfen in England, und sich, auch unter wechselnder Einmischung durch den Papst, gegenseitig bekriegten.

Derweil konnte Heinrichs und Konstanzes Sohn Friedrich in Palermo vergleichsweise behütet aufwachsen. Zwar wurde er mit drei Jahren zum König von Sizilien gekrönt, aber seine Mutter übernahm zunächst für ihn die Regentschaft. Nach deren Tod 1198 war es dann der Papst selbst, der sich zum Vormund des kleinen Friedrich machte und formal die Regentschaft über das Königreich Sizilien übernahm, die konkret natürlich von an den Hof in Palermo entsandten Geistlichen wahrgenommen wurde. Hieraus lässt sich vielleicht die Abneigung gegen Priester erklären, die Friedrich später als Erwachsener an den Tag legte.

Früh wurde Friedrich verheiratet, und zwar mit einer Prinzessin Konstanze von Aragon. Als 1211 dem jungen Paar ein Sohn Heinrich geboren wurde, stieg Friedrich in die Weltpolitik ein: er setzte zum Schein seinem Sohn die Krone von Sizilien auf und machte sich, nur mit kleiner Bedeckung, auf den Weg nach Deutschland, um dort die Kaiserkrone für sich zu fordern. Der vorgetäuschte Verzicht auf die Krone Siziliens war dabei ein Schachzug, mit dem der Papst ruhig gestellt werden sollte, der nichts mehr fürchtete, als dass Süditalien mit dem Deutschen Reich vereinigt werden und sein eigener Staat damit in die Zange genommen würde.

Friedrichs Zug nach Norden führte ihn zunächst per Schiff nach Genua, durch die Lombardei, wo feindlich gesinnte Städte ihm Fallen stellten, über die Alpen, in deren Täler Truppen der Welfen ihn einzukesseln versuchten, über Chur in die freie Reichsstadt Konstanz und schließlich ins Elsass, wo er endlich auf staufischem Besitz in Sicherheit war. Inzwischen hatte er auf diplomatischem Weg und mit Versprechungen eine ausreichende Zahl deutscher Fürsten auf seine Seite bringen können, trat in Frankfurt vor den Reichstag und wurde als 18jähriger zum deutschen König gewählt. Unmittelbar danach fand seine Krönung in Mainz statt. Mit der traditionellen Kaiserkrönung in Aachen, mit der Zustimmung des Papstes, musste er allerdings bis 1215 warten.

-

Die Regierungszeit Friedrichs II als deutschem Kaiser und als König von Sizilien war eine außerordentlich erfolgreiche Zeit für das Königreich. Durch eine Neuordnung der Verwaltung schuf Friedrich hier einen straff organisierten, absolutistischen Staat, von dem man sagt, er sei der modernste seiner Zeit gewesen. Unter anderem verwirklichte er, sehr zum Verdruss des Papstes, eine strikte Trennung zwischen Kirche und Staat. Was aber Friedrichs Regentschaft besonders auszeichnet ist die Tatsache, dass er die Voraussetzung für das Eindringen arabischer Kultur in das immer noch mittelalterlich-kirchliche Europa fördert. Herausragendes Beispiel ist die Einführung des stellenwertigen Dezimalsystems, das dem alten römischen Zahlsystem haushoch überlegen ist, und das heute noch unverändert in Gebrauch ist.

Arabisch-islamische Gemeinden wurden zwar dort, wo sie rebellierten, gnadenlos niedergeschlagen. Wo sie sich aber, wie das etwa in Gozo der Fall war, friedlich verhielten, wurden sie ohne Probleme geduldet. So ist es zu erklären, dass um 1240 herum die Bevölkerung Gozos zu mehr als einem Drittel immer noch islamisch war und christliche Familien beider Konfessionen mit islamischen Familien in friedlicher Nachbarschaft lebten.

Eine Leidenschaft Friedrichs rückte sogar Gozo und Malta in das Interesse des Kaisers, nämlich die Falknerei. Immer auf der Suche nach Verbesserungen, schickte Friedrich einige Fachleute nach Malta, wo sich bis heute in den Klippen an den Südküsten beider Inseln bekannte Brutplätze dieser edlen Tiere befinden. Gegen Ende seines Lebens schrieb Friedrich sogar ein viel beachtetes Lehrbuch über die Falknerei.

So viel Erfolg Friedrich in seinem sizilianischen Königreich hatte, so wenig Gutes gelang ihm in Deutschland, wo er seinen Sohn Heinrich als Regenten eingesetzt hatte. Allerdings ist er dort im unfreundlichen Norden auch nur selten und vor allem ungern gewesen. Nachdem er schon 1220 seinen Hof ganz nach Palermo verlegt hatte, war er nur noch 1235 für ein paar Monate dort, um seinen Sohn wegen erwiesener Unfähigkeit abzusetzen und nach Apulien in die Verbannung zu schicken. Sein Sohn Konrad, der aus Friedrichs zweiter Ehe mit Jolanta von Brienne stammte, übernahm von da an die Regentschaft nördlich der Alpen. Diese Jolanta hatte Friedrich übrigens das Königreich Jerusalem als Mitgift in die Ehe gebracht.

-

Als Friedrich II 1250 starb, folgte ihm in Deutschland sein Sohn als Konrad IV nach, der aber seinerseits schon 1254 starb. Dessen Sohn Konradin regierte dann, oder versuchte es zumindest, bis 1268. Deutscher Kaiser ist keiner von beiden geworden. Statt dessen versank das Deutsche Reich in dem Chaos, das als „Interregnum" in die Geschichtsschreibung eingehen sollte. Konradin kam übrigens bei dem Versuch ums Leben, Süditalien zurück zu gewinnen, bei dem er 1268 in der Schlacht von Tagliacozzo gegen Karl von Anjou unterlag und anschließend in Neapel hingerichtet wurde.

Friedrichs Nachfolger in Sizilien, zunächst als Regent und seit 1258 als König mit Billigung Konradins, wurde ein Sohn Friedrichs namens Manfred. Manfred stammte aus der Beziehung Friedrichs mit einer Baronessa Bianca Lancia. Diese Bianca soll Friedrich gegen Ende seines Lebens noch geheiratet haben, womit er die Kinder aus ihrer Verbindung legitimierte, neben Manfred noch zwei Töchter. Trotzdem wird Manfred in der Literatur oft als illegitimer Nachfahre Friedrichs bezeichnet, wohl weil die Ehe mit Bianca wegen deren niederer Herkunft dynastischen Ansprüchen nicht genügte.

König Manfred jedenfalls versuchte, sein Reich gegen Karl von Anjou zu retten und fiel dabei, schon 1266, in der Schlacht bei Benevent.

Offensichtlich hat also mit diesem Karl von Anjou eine neue Macht ihre Hand nach Sizilien ausgestreckt. Wer also war Karl von Anjou?

Karl von Anjou

In Frankreich war seit Ende des 10. Jahrhunderts die Dynastie der Kapetinger, ihr Namensgeber hieß Hugo Capet („Mäntelchen"), Zug um Zug an die Macht gekommen. Als der Staufer Friedrich II nach der deutschen Kaiserkrone griff, hatten diese Kapetinger zu Gunsten Friedrichs in das Geschehen eingegriffen und, wenn man so will, Friedrich in den Sattel geholfen. Philipp II hieß zu dieser Zeit der französische König, und es war sicher weniger seine Sympathie für Friedrich, als vielmehr seine Feindschaft zu den mit den Welfen verbündeten Engländern, die ihn 1214 auf das Schlachtfeld von Bouvins lockten, um dort Engländer und Welfen zu Gunsten Friedrichs zu besiegen.

Als Friedrich II 1250 starb, war Frankreich die führende Macht in Europa. Als König saß auf dem Thron mittlerweile Ludwig IX, ein Enkel Philipps II, der ob seiner Frömmigkeit und tatkräftigen Mitwirkung bei zwei Kreuzzügen 30 Jahre nach seinem Tod heilig gesprochen wurde. Er ist deshalb auch unter dem Namen Ludwig der Heilige bekannt.

Dieser heilige Ludwig hatte einen jüngeren Bruder, der sich offensichtlich mit einer stillen Rolle im Schatten des Älteren nicht zufrieden geben wollte: Karl von Anjou. Zudem heiratete Karl die Erbin der zum Königreich Burgund gehörenden Grafschaft Provence und kam so zu einer nennenswerten eigenen Machtbasis. Da mischte einmal mehr der Papst in Rom ein giftiges Gebräu an: als Kaiser Konrad 1254 starb, erfand seine Heiligkeit die Position eines Reichsvikars für Italien und beanspruchte für sich auch gleich das Recht, diesen obersten Verwalter Italiens selbst zu ernennen. Und seine Wahl fiel auf eben den Karl von Anjou, den wir gerade kennen gelernt haben.

Einmal mehr machte sich jetzt ein vom Papst, mit welchem Recht auch immer legitimierter Eroberer auf, Süditalien zu erobern. Wir haben schon gesehen, dass Karl die Erben des Stauferreiches, Manfred von Sizilien und Konradin, in zwei Schlachten vernichtend schlug, wobei beide auf die eine oder andere Weise ums Leben kamen. Damit hatte Karl von Anjou 1268 das Geschlecht der Staufer ausgelöscht und sich selbst mit Billigung des Papstes zum Herrscher über das Königreich Sizilien gemacht. Er richtete seine Hauptstadt in Neapel ein und etablierte überall im Königreich eine Verwaltung aus seinen französischen Anhängern.

Auch Gozo und Malta erhielten eine französische Verwaltung.

Lange sollte die französische Herrschaft über Sizilien allerdings nicht andauern: am 31. März 1282 kam es vor einer Kirche in Palermo zu einem eher nichtigen Zwischenfall zwischen einem normannischen Mädchen und einem französischen Soldaten. Daraus entwickelte sich ein Handgemenge, das sich alsbald zu einem ernsthaften Aufstand auswuchs, bei dem dann innerhalb weniger Stunden alle Franzosen in Palermo erschlagen wurden. Wenige Tage später waren die Franzosen aus Sizilien vertrieben, soweit sie nicht vorher schon von den Einheimischen umgebracht worden waren.

Der Zwischenfall, der den sizilianischen Aufstand auslöste, geschah im Umfeld eines Vespergottesdienstes, den die junge Dame besuchen wollte. Dies gab dem Aufstand den eigentümlichen Namen „Sizilianische Vesper".

Die Aragonesen

Glücklicherweise hatte der letzte staufisch-normannische König Manfred eine Tochter, Konstanze, die er mit dem Erben des Königreichs Aragon in Spanien verheiratet hatte. Mittlerweile, seit 1276, war dieser als Peter III dort König und hätte gerne seine sizilianische Mitgift in Besitz genommen. Genau das aber wollte Karl von Anjou, und mit ihm der Papst, verhindern.

Die sizilianische Vesper, Peter hatte schon eine Flotte zur Eroberung Siziliens ausgerüstet, kam ihm da gerade recht. Und auch der normannische Adel Siziliens wollte lieber unter aragonesische als unter französische Oberhoheit. Und so landete Peter kurz nach dem

Aufstand in Palermo. Sizilien, und in seinem Fahrwasser auch Gozo und Malta, wurden damit aragonesisch.

Nicht das gesamte Königreich Sizilien fiel allerdings an Peter von Aragon, sondern nur die Inseln. Der Festlandsteil mit Neapel als Hauptstadt blieb in der Hand Karls von Anjou, das Königreich Sizilien war jetzt geteilt. Als mit Peters Sohn Friedrich 1296 ein Aragonese mit staufischem und normannischem Blut König wurde, nannte er sich auch nicht König von Sizilien, sondern ließ sich als „re di trinacria" anerkennen. Trinacria ist der antike griechische Name für die Insel Sizilien.

Peter III von Aragon und seine sizilianische Frau hatten übrigens mehrere Söhne: Alfons III, der seinem schon 1285 gestorbenen Vater bis 1291 nachfolgte, Jaime (Jakob) II, zunächst Regent in Sizilien und ab 1291 König von Aragon, sowie der schon erwähnte Friedrich, König von Trinacria. Zu dieser Königswürde kam Friedrich auf höchst verworrene Weise: sein großer Bruder Jaime hatte nämlich auf Druck des Papstes und der mit diesem verbündeten Franzosen förmlich auf Sizilien verzichtet und ist dafür im Gegenzug mit Korsika und Sardinien belehnt worden. Der sizilianische Adel aber spielte einmal mehr nicht mit und erhob Friedrich zum König.

Es war also eine Nebenlinie der Aragonesen, die jetzt die Herrscher Siziliens, meist mit dem Titel eines „Vizekönigs", stellte.

Dem Wechsel unter aragonesische Herrschaft verdankt, ganz nebenbei, unsere Insel auch ihren heutigen Namen. Unter Byzanz noch als Gaudes bezeichnet, hatten die Araber diesen Namen adaptiert und in das heute im Maltesischen noch gebräuchliche Ghawdex (gesprochen: *audesch*) umgewandelt. In der lateinischen Bezeichnung war aus dem früheren Namen Gaulus (die Bezeichnung für eine flache Trinkschale) inzwischen Gaudium geworden, was man wohl als „Insel der Freude" interpretieren kann. Und genau dieses Wort übersetzten die Spanier in ihre Sprache und nannten die Insel „Gozo", was nichts Anderes bedeutet als „Freude".

-

Die nun folgende Geschichte Siziliens unter dem Haus Aragon war geprägt von internen sizilianischen Aufständen, von Kriegen mit Neapel und vor allem von der innerspanischen Geschichte, deren

Hauptthema der Machtkampf zwischen Aragon und Kastilien war. Das Ende dieser Epoche wurde schließlich herbeigeführt durch Isabella von Kastilien und Ferdinand von Aragon, die 1467 heirateten, damit die beiden Königreiche vereinten und den Grundstein für ein Königreich Spanien legten, zu dem auch die maltesischen Inseln gehörten.

Ferdinand und Isabella gelang es 1492, mit der Eroberung Granadas, die Reconquista, die Rückeroberung Spaniens von den Arabern oder Mauren, wie sie mittlerweile genannt wurden, zu vollenden. Noch im selben Jahr finanzierten sie dem Genueser Seefahrer Cristofero Colombo eine Expedition nach Westen, die zur Entdeckung Amerikas führte und das vereinigte Königreich von Kastilien und Aragon rund um den Globus ausdehnte. Sogar der Papst hat das, 1494 mit dem Vertrag von Tordesillas, bestätigt: alles, was weiter westlich liegt als 370 Meilen westlich der westlichsten Azoreninsel, gehörte zu Spanien.

Apropos Tordesillas: östlich der dort festgelegten Linie sollte alles neu entdeckte Land zu Portugal gehören. So hat der Papst aus Unkenntnis der geografischen Situation das heutige Brasilien versehentlich Portugal zugeschlagen.

Ferdinand und Isabella waren es schließlich, die nach der Reconquista das Wüten der Inquisition zuließen, das zu einer Massenflucht von Muslimen und Juden nach Afrika führte, die sich später noch massiv auf Gozo auswirken sollte.

Als Ferdinand von Aragon 1516 starb, Isabella war schon 1504 gestorben, folgte ihm deren 1500 geborene Enkel Carlos als König von Kastilien und Aragon nach - die Bezeichnung „Spanien" wurde damals noch nicht benutzt. Carlos Vater war der österreichische Erzherzog Philipp der Schöne, Sohn und designierter Thronfolger des deutschen Kaisers Maximilian I. In Carlos vereinigten sich also die Dynastien sowohl Aragons und Kastiliens als auch der Habsburger. Als er schließlich 1519 als Karl V zum Deutschen Kaiser gekrönt wurde, war er nach eigenen Worten Herr über ein Reich, „in dem die Sonne niemals untergeht".

-

Mit dem Erscheinen Karls V können wir jetzt einen Schlussstrich unter diesen Teil der nach-islamischen Geschichte Gozos ziehen. Wir werden sehen, dass sie 1530 abrupt zu Ende ging.

Wir haben zur Kenntnis genommen, dass seit 1090 fremde Herren über die maltesischen Inseln geherrscht haben, nämlich die jeweiligen Herrscher über Sizilien, seien es Könige von Sizilien selbst gewesen, oder aber Herren mächtigerer Länder, die ihrerseits Sizilien ihrem Herrschaftsgebiet zugeschlagen hatten.

All dies bildet den Hintergrund für eine Entwicklung, die auch hier in Gozo das Leben nach und nach verändert hat.

Gozo im späten Mittelalter – die sizilianische Zeit

Geschichtliche Zeitabschnitte werden oft an Ereignissen festgemacht, die Beginn und Ende eines solchen Zeitabschnitts eingängig markieren. So gilt allgemein das Jahr 1492, das Jahr der Entdeckung Amerikas, als das Ende des Mittelalters und der Beginn der Neuzeit. Solche Festlegungen sind aber für Regionen, die von einem solchen markanten Ereignis gar nicht betroffen waren, weder zutreffend noch hilfreich.

Für Gozo etwa hat die Entdeckung Amerikas zunächst überhaupt keine Bedeutung, hier dauerte das Mittelalter noch lange an. Wenn man also für Gozo, wie auch für Malta, markante historische Zeitpunkte sucht, so sind das die Jahre 1090 und 1530, die Jahre, in denen die maltesischen Inseln unter sizilianische Herrschaft kamen und dann in den Besitz des Johanniterordens übergingen. Diese Zeitspanne, die ja weitgehend mit dem späten Mittelalter nach europäischer Zeitrechnung übereinstimmt, war hier in Gozo eine Zeit kontinuierlicher Fortentwicklung und relativer Stabilität. Dass während dieser Zeit die Herrschaft über Sizilien bisweilen von einem auf ein anderes Herrscherhaus übergegangen ist, hat sich hier nicht allzu sehr ausgewirkt.

Ich halte es also für gerechtfertigt, die Zeit von 1090 bis 1530 zu einer als Gesamtheit zu betrachtenden Epoche zusammen zu fassen, für welche die Bezeichnung „sizilianische Zeit" ganz gut zutrifft.

-

Als 1090 Roger der Normanne die Insel Gozo in Besitz nahm, wird er selbst oder ein von ihm beauftragter Gefolgsmann den Anführern der Gozitaner klar gemacht haben, dass sie im Falle eines Widerstandes nichts Gutes zu erwarten hätten. Angesichts der Truppenstärke Rogers im Verhältnis zu der eher schwachen Verteidigung Gozos haben diese dann den geforderten Tributzahlungen als dem kleineren Übel zugestimmt. Ansonsten ging das alltägliche Leben hinsichtlich Landwirtschaft und Handel, ja sogar in der islamischen Religionsausübung, völlig unverändert weiter.

Erst 1127 hat dann König Roger II eine eigene Verwaltung von römisch-christlichen Gefolgsleuten etabliert. Geistliche beider Kirchen, der römischen sowie der griechisch-orthodoxen, kamen mit Billigung der neuen Herren und begannen ihre Missionsarbeit. Nach und nach ist es ihnen schließlich gelungen, etwa zwei Drittel der Bevölkerung vom Islam zum Christentum zu bekehren, wobei letztendlich die römische Form als Religion der Führungsschicht die Oberhand behielt.

Der in Gozo gefundene und in arabischer Schrift beschriebene Grabstein der Maimuna, Tochter des Hassan ibn Ali as-Susi, wurde datiert auf das Jahr 1174 und liefert damit den Beweis, dass nicht nur eine islamische Bevölkerung existiert hat, sondern auch, dass diese eine ganz normale Rolle im Leben auf der Insel spielte. Andernfalls wäre Ali as-Susi nämlich nicht in der Lage gewesen, einen solch markanten Grabstein setzen zu lassen. Es muss also eine friedliche Koexistenz der Religionen ohne gegenseitige Unterdrückung gegeben haben.

Noch 1241, also über einhundert Jahre nach der Ankunft der von den Normannen eingesetzten Führungsschicht, spielte der Islam immer noch eine nennenswerte Rolle. Zu dieser Zeit regierte Kaiser Friedrich II in Sizilien, der Enkel des Normannen Roger II und des ersten Stauferkaisers Friedrich Barbarossas. Von diesem Friedrich wissen wir, dass er sehr zum Ärgernis des jeweiligen Papstes, muslimische Bräuche an seinem Hof gepflegt hat, wozu auch ein stattlicher Harem gehörte. Islamische Gemeinden waren ausdrücklich erwünscht, wenn auch Friedrich gelegentliche Unbotmäßigkeiten dieser Muslime konsequent bestraft hat. Einmal, bei einer „Säuberungsaktion" unter den Muslimen Siziliens, hat er eine große Zahl gezwungen, aufs Festland zu emigrieren und sich dort niederzulassen. So ist die Stadt Lucera entstanden.

Gegen Ende der Regierungszeit Friedrichs II, gegen 1250, mussten die verbliebenen Muslime sich wohl doch entscheiden, nämlich entweder zum Christentum überzutreten oder die Insel zu verlassen. Vermutlich zog die Mehrheit der noch islamischen Gozitaner unter diesen Umständen die christliche Taufe einem ungewissen Exil vor. Von da an war der Islam aus Gozo verschwunden.

Ein massiver Zuzug aus Sizilien und eine gleichzeitige Vertreibung der vorhandenen Einwohnerschaft kann übrigens nicht stattgefunden haben, denn sonst hätte die arabisch-maltesische Sprache als Umgangssprache der einheimischen Bevölkerung nicht überleben können.

Schriftliche Quellen aus dieser frühen nachislamischen Zeit sind in Gozo selbst nicht erhalten, sie sind spätestens bei der Entvölkerung der Insel 1551 durch eine türkische Seestreitkraft verloren gegangen. Deshalb wissen wir auch nicht genau, wann die ersten christlichen Kirchen Gozos gebaut wurden. Jedoch existieren am Ende der sizilianischen Epoche vier Kirchen, nämlich die Maria geweihte Mutterkirche in der Zitadelle sowie St. George, St. Savina und St. James, alle im Bereich der heutigen Stadt Victoria. Dass die Marienkirche in der Zitadelle, zwischenzeitlich eingestürzt und neu erbaut, die Mutter der anderen Kirchen ist, ist unbestritten. Und so können wir annehmen, dass diese Kirche tatsächlich unmittelbar nach 1227 geweiht wurde. In welcher Reihenfolge die drei anderen Kirchen dann entstanden sind, wissen wir nicht.

-

Gewohnt haben die Gozitaner während des späten Mittelalters ausnahmslos innerhalb der befestigten Zitadelle, die zunächst noch die arabische Bezeichnung Mdina trug und in der zu Füßen der Festung liegenden Stadt Rabat. Wir erinnern uns: die Konstellation Mdina/Rabat kommt auch andernorts im arabischen Raum und auch in Malta vor und bezeichnet einen befestigten Ort oder eine Burg sowie einen unbefestigten Vorort. In unserem Fall ist die Bezeichnung Mdina verloren gegangen und irgendwann durch die italienische Bezeichnung Citadella ersetzt worden. Rabat ist aber bis heute der von den Gozitanern meist benutzte Name für den Hauptort der Insel, der erst im 19. Jahrhundert, anlässlich eines Besuchs der damaligen englischen Königin, in „Victoria" umbenannt wurde.

Diese Konzentration der Wohnbesiedlung auf eine relativ kleine Fläche in der Mitte der Insel ist zurückzuführen auf die ständige Bedrohung Gozos durch Angriffe der jetzt feindlichen Nordafrikaner von See her. Diese Angriffe begannen in der sizilianischen Zeit und sollten noch bis ins 17. Jahrhundert andauern.

Die Bevölkerung Gozos nämlich war bei Weitem zu wenig zahlreich und wehrhaft, um die Insel gegen solche Angriffe ernsthaft verteidigen zu können. Deshalb hat man sich bei solchen Überfällen regelmäßig in der Festung eingeigelt, bis die Angreifer, leider oft mit reicher Beute, wieder abzogen. So lange diese Überfälle andauerten, war es den Gozitanern, zu ihrem eigenen Schutz, bei Strafe verboten, die Nacht außerhalb der Zitadelle zu verbringen. Es ist allerdings anzunehmen, dass sich die gozitanischen Bauern nicht immer an dieses Gesetz gehalten haben.

Die Gozitaner lebten, und so ist das im Grunde heute noch, überwiegend von der Landwirtschaft, wobei Weizen, Gerste, Kümmel und vor allem die von den Arabern eingeführte Baumwolle die wichtigsten Rollen spielten. Diese Produkte wurden über Sizilien, insbesondere über Syrakus, vermarktet, wobei der Ertrag an Getreide allerdings Mitte des 15. Jahrhunderts so weit gesunken war, dass es sogar importiert werden musste.

Baumwolle dagegen wurde nicht nur als Rohprodukt exportiert, sondern auch im Land weiter verarbeitet. Es gab Spinnereien und Webereien, und wir wissen mit Sicherheit, dass gozitanisches Segeltuch auf dem Markt in Syrakus verkauft wurde.

Gemüse, Obst und Wein haben die Gozitaner natürlich für sich selbst angebaut. Ob sie diese Produkte auch exportiert haben, wissen wir nicht.

Auch die Aufzucht verschiedener Nutztiere war in Gozo verbreitet. Mindestens für den Eigenbedarf hat man sicher alles Nützliche wie Ziegen, Schafe und Hühner gehalten. Und der berühmte gozitanische Ziegenkäse, der schon zur Römerzeit ein Exportschlager war und auch heute noch in verschiedenen Aggregatzuständen als landestypische Speise angeboten wird, wird wohl auch jetzt wieder eine Rolle gespielt haben. Gozitanische Esel sollen in Sizilien ein begehrtes Gut gewesen sein.

Mit der Rinder- und Pferdezucht dagegen scheint es in Gozo nicht so recht geklappt zu haben, denn uns ist ein Streit zwischen Gozo und Malta aus dem Jahr 1478 bekannt, als Gozitaner Ochsen und Pferde in Malta kaufen wollten. Die maltesische Ratsversammlung debattierte dieses Ansinnen ausführlich und kontrovers, und fand schließlich zu dem Kompromiss, den Gozitanern zwar Ochsen, nicht aber Pferde zu überlassen.

-

Gozo war als Teil des Königreichs Sizilien eine eigenständige Verwaltungseinheit und als solche unabhängig von der größeren Schwesterinsel Malta. Nachweislich spätestens im 15. Jahrhundert, vermutlich aber schon sehr viel früher, etablierte sich eine teilautonome Verwaltungsstruktur, an deren Spitze ein Bürgermeister stand, der im offiziellen Sprachgebrauch *Capitano della Verga* und bei den Einheimischen *Hakem* hieß. Ihm zur Seite stand ein Rat von vier *Jurati*. Hinzu kam ein Richter, der eine juristische Ausbildung haben musste und von zwei Laienrichtern (*Judices idiotae*) unterstützt wurde. Zwei weitere Amtsträger waren Marktaufseher, welche die Korrektheit der Maße und Gewichte sowie die Einhaltung der jährlich festgesetzten Preise zu überwachen hatten.

Die Mitglieder der lokalen Selbstverwaltung, der *Universita*, wurden von Palermo aus jeweils zum 1. September für ein Jahr ernannt. Die Gozitaner hatten die Möglichkeit, Kandidaten für die verschiedenen Verwaltungsposten dem Hof in Palermo vorzuschlagen. So lange die Universita mit Einheimischen besetzt war, und wir werden noch sehen, dass dies nicht immer der Fall war, hat diese gegenüber der Zentralverwaltung in Palermo die Interessen der Gozitaner vertreten und oft auch durchgesetzt. So hat etwa ein gewisser Johanni Vigiles 1432 den Antrag gestellt, die übliche Exportsteuer auf Handelsgüter von Sizilien nach Gozo fallen zu lassen. Begründet wurde der Antrag mit der großen Armut der Gozitaner, die nicht zuletzt auf die häufigen Überfälle durch die Mauren zurückzuführen sei. Diesem Antrag wurde stattgegeben.

Solche und ähnliche Petitionen gab es offensichtlich zu Hauf. In ihnen wird in schöner Regelmäßigkeit Gozo als bitter arm dargestellt, gleichzeitig aber die Gozitaner als durchaus kompetent beschrieben, ihre inneren Angelegenheiten selbst zu regeln. So wurde zum Beispiel auch mehrfach beantragt, die Stelle des Hakem nur an solche Personen zu vergeben, die zuvor mindestens fünf Jahre in Gozo ansässig und der lokalen Sprache mächtig waren. Ebenso wurde darum gebeten, auf die regelmäßige Entsendung von Inspektoren zu verzichten, die man hier in erster Linie als lästig empfand.

Alles in allem scheint sich also der Schriftwechsel zwischen der gozitanischen Universita und dem Hof in Palermo kaum zu unterscheiden von der Korrespondenz einer heutigen Behörde mit ihrem übergeordneten Ministerium; da wird übertrieben, geschönt, weggelassen und, wenn es denn sein muss, notfalls auch gelogen.

Besonders die wiederholten Bitten der Universita, gozitanische Angelegenheiten in den Händen der Gozitaner selbst zu belassen, waren offensichtlich nur allzu gerechtfertigt. Die Verwaltung in Palermo, wie jede Regierung bis heute vor allem darum bemüht, Geld für ihre eigenen Aktivitäten aufzutreiben, neigte nämlich dazu, Ämter zu verschachern. Und so muss es mehr als einmal vorgekommen sein, dass Palermo nicht dem gozitanischen Besetzungsvorschlag gefolgt ist, sondern die Position des Hakem an den Meistbietenden vergeben hat. Daraus ist, ganz nebenbei, zu schließen, dass dieser Hakem auch die Funktion eines Steuereintreibers hatte und, bei geschicktem Wirtschaften, durchaus auch in die eigene Tasche arbeiten konnte.

Der schlimmste Falls eines solchen Ämterschachers trat 1421 auf, als die Regierung in Palermo einen gewissen Don Consalvo Monroy gegen einen Kredit von 30.000 Goldflorinen in die Doppelfunktion eines Hakem von Gozo und von Malta einsetzte. Dieser Monroy muss die lokale Bevölkerung so skrupellos ausgenommen haben, dass es 1426 zu einem bewaffneten Aufstand kam, an dessen Ende der König von Sizilien auf beiden Inseln die alte Selbstverwaltung wieder herstellen musste.

-

Wann genau die autonome Verwaltung durch die lokale Universita eingeführt wurde, wissen wir nicht. Es gibt aber Hinweise darauf, dass dies schon zu Zeiten König Rogers II als Bestandteil von dessen höchst effizienter Staatsverwaltung geschehen ist. So lange Gozo, wie auch Malta, direkt unter königlich sizilianischer Verwaltung stand, hat diese Selbstverwaltung wohl auch ganz ordentlich funktioniert. Allerdings wurden die maltesischen Inseln während der sizilianischen Zeit immer wieder mal als Lehen vergeben; die Lehennehmer wurden dann als Grafen von Malta bezeichnet.

Der erste dieser Grafen von Malta, die wir kennen, war ein gewisser Guglielmo Grasso, dem 1198 die Kaiserwitwe und Regentin Konstanze auf Bitten der maltesischen Bevölkerung Lehen und Titel entzog. Gleichzeitig versprach Konstanze, Gozo und Malta fortan unter der direkten Kronverwaltung zu belassen, ein Versprechen, das in der Folgezeit mehrfach erneuert und immer wieder gebrochen wurde.

So war bald danach ein Genueser namens Enrico Piscatore, gefolgt von seinem Sohn Nicoloso, Herr über Malta. Auch einhundert Jahre später, 1299, ist der Tod eines Gullielmus von Malta in der Zitadelle von Gozo verbrieft, der sich in Gozo als Beauftragter seines Onkels, des Grafen von Malta, aufhielt. Dies deutet darauf hin, dass Rang und Titel eines Grafen von Malta mittlerweile sogar erblich geworden waren.

Eine Universita, also ein Organ der lokalen Selbstverwaltung, hat in Gozo auch unter den verschiedenen Grafen von Malta bestanden. Vielleicht in einer anderen Zusammensetzung und mit anderen Amtsperioden. Die Bestallung ist in diesem Fall wahrscheinlich durch den Grafen selbst erfolgt.

-

Eine Aufstellung von religiösen Stiftungen sowie der zum Teil erhaltene Schriftverkehr zwischen den offiziellen Vertretern Gozos und dem Hof in Palermo weisen darauf hin, dass es in Gozo eine Oberschicht von vermögenden und gebildeten Ausländern sizilianischer, genuesischer und spanischer Abstammung gegeben haben muss. Sie werden in den genannten Quellen als *nobilis* bezeichnet, was aber nicht mit „Adlige" übersetzt werden kann, denn sie hatten nicht die für den herkömmlichen europäischen Adel typischen Privilegien. Die passende Übersetzung lautet eher „Edelleute". Jedenfalls bringt die Bezeichnung Nobilis zum Ausdruck, dass diese Oberschicht aus Leuten bestand, die nicht selbst arbeiten mussten, sondern vielmehr von der Verwaltung ihres Besitzes leben konnten. Diese Leute hatten Namen wie Pontremoli, Navarro, Plantamone, de Naso, de Frederico, de Manuele, de Sahona oder La Barba. Letzterer wurde übrigens Anfang des 15. Jahrhunderts unter Anklage des Hochverrats von der Krone enteignet.

Unterhalb der Oberschicht gebildeter ausländischer Edelleute gab es eine Schicht einheimischer Landbesitzer, die in den genannten Schriften nicht als Nobilis bezeichnet werden, also nicht den Vorzug hatten, allein von der Verwaltung ihres Besitzes leben zu können. Angehörige dieser Schicht konnten sicher weder lesen noch schreiben, verdienten ihren Lebensunterhalt durch das Bewirtschaften ihres eigenen Besitzes und waren Farmer, Viehzüchter, Händler und vielleicht auch selbständige Handwerker. Hier tauchen jetzt auch typisch gozitanische Familiennamen auf, wie wir sie bis heute kennen: Apap, Cini, Bonnici, Xeiba, Saliba oder auch Mintuf.

Eine spannende Frage, die in diesem Zusammenhang aufkommt, ist die nach der Herkunft dieser landestypischen Familiennamen. Original arabische Namen sind es offensichtlich nicht, denn die lauteten unmittelbar zu Beginn der sizilianischen Zeit ibn-Ali, as-Susi oder so ähnlich. Leider bin ich in der Literatur dieser Frage noch nie begegnet, geschweige denn einer Antwort. Also kann ich nur eine Mutmaßung anstellen, dass nämlich ein Gozitaner bei seiner Taufe, also mit seinem Übertritt zum Christentum, einen neuen Namen bekommen hat. Und diese Namen werden dann abgeleitet worden sein von Ortsbezeichnungen, persönlichen Eigenarten, Berufen oder sonstigen Merkmalen, jeweils in der damals gebräuchlichen arabischen Umgangssprache. Sollte jemand eine bessere Erklärung haben, wäre ich höchst interessiert daran, diese zu erfahren.

Auch Notare und Ärzte sind in verschiedenen Dokumenten, auch namentlich, erwähnt, wobei die Notare offensichtlich in sehr hohem Ansehen gestanden haben und, ebenso offensichtlich, ganz gut verdient haben müssen. Nicht ganz so gut ist es den Ärzten gegangen. Sie wurden von der Gemeinde dadurch angelockt und entlohnt, dass sie auf Lebzeiten eine gewisse Fläche Landes zur eigenen Verfügung bekamen, die sie dann bebauen konnten. Die in diesem Zusammenhang überlieferten Namen wie Andreas de Benjamino, Guglielmus de Samsone, Leonardus de Agatiis (Notare) und Nicius de Episcopo oder Franciscus de Dato (Ärzte) deuten darauf hin, dass sich auch dieser Teil der Gesellschaft Gozos überwiegend aus Ausländern zusammensetzte. Allenfalls der Notar Jacobus Zabarra oder der Arzt Nicolao Achme könnten dem Namen nach Gozitaner gewesen sein.

Neben all diesen durch Besitz oder Bildung heraus gehobenen Personen und Familien lebte auf Gozo natürlich noch die Masse der ungebildeten, armen und darüber hinaus rechtlosen Bevölkerung. Diese Menschen haben gegen Lohn auf den Feldern und in den wenigen Betrieben der Insel gearbeitet und vermutlich nicht allzu viel Freude am Leben gehabt. Auch vereinzelte Haussklaven könnte es gegeben haben, wohingegen der Einsatz von Sklaven in der Landwirtschaft eher unwahrscheinlich ist, denn Sklaven müssen beaufsichtigt werden, was wiederum Personal in Form von Aufsehern bindet und sich deshalb nur auf großen Farmen lohnt, wo eine große Zahl von Sklaven gleichzeitig eingesetzt werden kann. Außerdem hätten sich diese, dann islamische Sklaven, bei einem der häufigen Überfälle auf die Insel den Angreifern angeschlossen und wären geflohen.

Genaue Bevölkerungszahlen aus der sizilianischen Zeit Gozos haben wir natürlich nicht. Es gibt aber Anhaltspunkte, die zumindest die zahlenmäßige Größenordnung der hiesigen Bevölkerung erahnen lässt. Da ist einmal die schon mehrfach zitierte Zählung von 1241, wonach damals 366 Familien auf Gozo gelebt haben sollen, und es gibt Berichte über die Entvölkerung der Insel von 1551, wonach die Population Gozos zu dieser Zeit etwa 6.000 Menschen umfasst haben soll. Wir werden also etwa richtig liegen, wenn wir die Bevölkerung Gozos während des späten Mittelalters auf irgendwo zwischen 3.000 und 5.000 Menschen schätzen.

Die Johanniter

Wer erstmals die maltesische Hauptstadt Valletta besucht, und selbst für einen einwöchigen Touristen steht ein Besuch dieser Stadt auf dem Pflichtprogramm, sieht sich überwältigt von einer Häufung geschichtsträchtiger Architektur, wie man sie sonst nur in den ganz großen Hauptstädten Europas vorfindet. Festungsmauern von ungeheurem Ausmaß springen schon bei der Anfahrt auf Valletta ins Auge. Dann der kastilische Palast, heute Sitz des Premierministers, der Großmeisterpalast mit seinen Waffenkammern und den Amtsräumen des Staatspräsidenten, die über und über mit martialischen Szenen früherer Kriege geschmückt sind. Und schließlich die alles in den Schatten stellende Konvents-Kathedrale, in deren Seitenkapellen und Museum der unermessliche Reichtum und die Macht der *knights of St. John* (Ritter des hl. Johannes) zur Schau gestellt sind.

Zwei Beispiele für diese Machtdemonstration zeige ich Besuchern, die ich bisweilen durch die Konvents-Kathedrale führe, besonders gern. Da ist einmal die in weißem Marmor gearbeitete Statue des Nicolas Cotoner, Großmeister der Ordens von 1663 bis 1680, in der aragonesischen Kapelle. Waffenstarrend tritt dort der Großmeister zwei unterlegene Heiden in den Staub, einen Türken und einen Mohren. Treffender kann man den Machtanspruch und die Überheblichkeit der christlichen Ritter nicht darstellen.

Und da ist mein zweites Beispiel, das Gemälde des Portugiesen Manuel Pinto de Fonseca, Großmeister von 1741 bis 1773, das heute im Kathedralmuseum, kurz vor dem Ausgang, gezeigt wird. Da steht er, mit lockiger Perücke, Hermelinpelz und seiden beschuhten Beinchen, ganz im Stil des von ihm verehrten Sonnenkönigs, der Fürst von Malta, offensichtlich einer der bedeutendsten Herrscher seiner Zeit.

Damals, meine Beispiele stammen aus dem 17. und 18. Jahrhundert, scheint Malta im Zenit seiner politischen Bedeutung gestanden zu haben. Wer sich mit maltesischer Geschichte beschäftigt, muss sich auf diese Zeit konzentrieren.

Maltesische Geschichte? Keinesfalls! Es war ein christlicher Ritterorden, der von 1530 bis 1798 seinen Sitz in Malta hatte, der zu Beginn dieser Zeit tatsächlich europäische Geschichte geschrieben hat, sich aber gegen Ende überwiegend der eigenen Selbstdarstellung widmete. Maltesische Geschichte ist sie nur insofern, als sie sich auf der Insel Malta, ein wenig auch auf Gozo, abgespielt hat. Es ist jedoch nicht die Geschichte der Malteser, denn die waren nur Zuschauer, bestenfalls Statisten in dem Stück „der Orden der Ritter vom Hospital des heiligen Johannes von Jerusalem in Malta".

-

Angefangen hat alles im Jahre 1048, als Kaufleute aus Amalfi ihren Handelsstützpunkt in Jerusalem mit Genehmigung der ägyptischen Regierung ausbauten und ein Hospiz sowie ein von Benediktiner Mönchen zu führendes Krankenhaus einrichteten.

Warum Amalfi? Diese Hafenstadt südlich von Neapel gehörte damals zu einer ganzen Reihe von selbständigen Stadtstaaten wie Genua, Pisa, Sorent, Bari oder auch Venedig, deren Kaufleute eine lukrative Brücke über die christlich-islamische Kluft schlugen und Handel mit dem islamischen Vorderen Orient betrieben. Genua und Venedig sollten die erfolgreichsten dieser Handelsrepubliken werden. Amalfi, ebenso wie Sorent, ist später im normannischen Herrschaftsgebiet aufgegangen.

Die amalfitanischen Benediktiner bauten das Krankenhaus auf und machten es bald zu einer wichtigen Adresse in Jerusalem, nicht nur für ihre Landsleute, sondern für alle christlichen Pilger, die dort um medizinische Hilfe nachsuchten. Über das Eingangstor nagelten die Mönche das Stadtwappen Amalfis, einen achtspitzigen Stern, aus dem später das uns allen bekannte Malteserkreuz hervorging.

Als das erste Kreuzfahrerheer, oder was von ihm noch übrig war, 1099 unter der Führung Gottfrieds von Bouillon Jerusalem eroberte, war das Krankenhaus, das mittlerweile dem heiligen Johannes geweiht war, vielen verletzten Rittern Rettung in höchster Not. So mancher von ihnen wurde dort gesund gepflegt und verdankte vermutlich den heilkundigen Benediktinern, die jetzt unter der Leitung ihres Bruders Gerard de Martigues standen, sein Leben. Kein Wunder also, dass viele Kreuzfahrer die Benediktiner Bruderschaft fürstlich entlohnten. Andere werden wohl trotz Pflege ihre Verletzungen nicht überlebt und die frommen Brüder zum Dank für diese Pflege in ihrem Testament bedacht haben.

Jedenfalls entstand rasch eine Gemeinschaft von Kreuzfahrern, die sich der Bruderschaft des Hospitals anschlossen und dabei Teile ihres Vermögens, meist Ländereien in ihren Heimatländern, mit einbrachten. Auch der König des eroberten Landes, das jetzt Königreich Jerusalem hieß, schenkte der Vereinigung Land und erkannte sie 1104 als „Bruderschaft der Hospitaliter" förmlich an.

Bald begann Geld aus Europa zu fließen, teils aus Einkünften der ererbten oder geschenkten Ländereien, teils in Form von Spenden, denn die Nachricht von dem Hospital und seiner erfolgreichen Arbeit war schnell über Rückkehrer in die alte Heimat gedrungen. Und auch dort in Europa begannen sich Gruppen zu bilden, die sich der Bruderschaft anschlossen.

Schon 1113 erhielten die „Ritter vom Hospital des heiligen Johannes von Jerusalem" die Anerkennung des Papstes als autonomer Orden mit Besitzungen in Europa und Outremer, wie das von den Kreuzfahrern eroberte Land im Vorderen Orient jetzt hieß. Der Orden wurde dem Papst unmittelbar unterstellt und sollte nur diesem verantwortlich sein, was konkret auch hieß, dass ihre heimatlichen Besitzungen an die jeweiligen Landesherren keine Steuern abzuführen brauchten.

Als Bruder Gerard, der Ordensgründer, 1120 verstarb, wurde Raimund de Puy, ein provenzalischer Ritter, dessen Nachfolger. Raimund nannte sich jetzt Ordensmeister, und unter seiner Führung entstand die Ordensregel, die in ihren Grundzügen von den Regeln des Augustinerordens – Keuschheit, Armut, Gehorsam – abgeleitet ist. War jedoch unter Gerard noch die Krankenpflege ausschließlicher Zweck des Ordens, so kam jetzt der Schutz der Pilger und der Pilgerwege, also eine durchaus militärische Aufgabe, hinzu.

Damit war die Voraussetzung dafür geschaffen, dass sich die Bruderschaft schließlich zu einem militärischen Orden entwickelte, zumal die Verteidigung der Pilgerwege bald ausgedehnt wurde auf die Verteidigung aller eroberten christlichen Länder und später sogar auf die Rückeroberung verloren gegangener Gebiete oder gar Eroberung weiterer Länder für die christliche Welt. Auch die Vorschrift, dass als Ritter nur derjenige aufgenommen werden konnte, der seine adlige

Abkunft zweifelsfrei nachweisen konnte, wurde seinerzeit in die Ordensregel aufgenommen.

-

Mit den kriegerischen Ereignissen der Kreuzzugszeit, von der Eroberung Jerusalems 1099 bis zum Fall Akkas als letztem Brückenkopf der Europäer in Palästina im Jahr 1292, haben Historiker ganze Bibliotheken gefüllt. Ich will deshalb darauf verzichten, den Ablauf der verschiedenen Kreuzzüge und die damit verbundenen Auseinandersetzungen im Heiligen Land hier wiederzugeben.

Der Johanniterorden, wie wir ihn der Einfachheit halber jetzt nennen wollen, hat jedenfalls in dieser ganzen Zeit kräftig mitgemischt und bisweilen sogar eine eigenständige Politik betrieben, zu der durchaus auch Separatverträge mit islamischen Gegnern gehören konnten. Zusammen mit den anderen, etwa gleichzeitig entstandenen Kreuzritterorden, von denen vor allem der Templerorden und der Deutschherren-Orden zu nennen sind, stellten sie das Rückgrat der christlichen Militärmacht im Vorderen Orient. Während nämlich die einzelnen Kreuzzüge militärische Operationen waren, die jeweils von Europa ausgingen, stellten die Militärorden die im Osten stationierten Heere und damit zwischen den Kreuzzügen die kontinuierliche militärische Machtbasis der christlichen Reiche.

Es waren auch nicht nur die Ritter selbst, die in ihren auffallenden roten Umhängen mit weißem Kreuz auf den Schlachtfeldern erschienen. Ein solcher Ritter hatte in der Regel noch ein oder zwei „dienende Brüder", nichtadlige Kämpfer, die bei besonderer Leistung sogar, unter Umgehung der Adelsvorschrift, selbst zu Rittern geschlagen werden konnten. Solche Nichtadligen konnten aber dann in der Hierarchie der Ritter nicht mehr weiter aufsteigen. Zusätzlich wurden auch bezahlte Söldner angeworben, im Orden als Turkopolen bezeichnet, die als eine Art leichte Kavallerie, weniger schwer bewaffnet und deshalb sehr viel beweglicher als die Ritter selbst, eingesetzt wurden.

Nicht nur im Vorderen Orient, sondern auch in Europa und in den Hafenstädten des Mittelmeers sah man die Johanniter. In letzteren hatte man im Lauf der Zeit Hospize und Krankenhäuser angelegt und damit den überaus wichtigen Nachschub an Personal und Material sichergestellt. In Europa selbst jedoch war der Orden bald zu einem der reichsten Landbesitzer geworden. Schenkungen der Landesherren, vor allem aber die beim Eintritt in den Orden zu zahlende *passagio*, die Mitgift der Ritter sowie die *spoglio*, die Erbschaft verstorbener Ritter, fielen in großem Umfang dem Orden zu, so dass er sich gezwungen sah, eine funktionstüchtige Organisationsstruktur über seinen Besitz zu stülpen.

Diese Organisationsstruktur unterteilte den Orden, an dessen Spitze jetzt der Großmeister stand, zunächst nach den wichtigsten Ländern, aus denen die jeweiligen Mitglieder stammten. So entstanden die acht „Zungen" des Ordens: Provence, Auvergne, Frankreich, Italien, Aragon, Deutschland, England und Kastilien mit Portugal.

Jede dieser Zungen unterhielt in ihrem Heimatland und angrenzenden Ländern ein Großpriorat. Der Großprior einer Zunge, der bisweilen auch als (Groß-) Bailli bezeichnete Vorsitzende einer Zunge war gleichzeitig oberster Repräsentant seiner Zunge im Konvent des Ordens und oberster Verwaltungschef aller Ordensgüter seines Großpriorats.

Ein Großpriorat wiederum war unterteilt in verschiedene Priorate. In Deutschland zum Beispiel waren dies die Priorate Deutschland, Böhmen-Österreich, Skandinavien, Ungarn und Polen. Die Priorate schließlich bestanden aus Kommenden, lokalen Ordenssitzen, deren Leiter Komturen genannt wurden. Diesen Komturen oblag die Verwaltung der lokalen Besitztümer. Sie hatten die Aufgabe, durch das Bewirtschaften ihrer Ländereien Einkünfte zu erzielen, deren Überschüsse dann an die Ordenszentrale abzuliefern waren. Die Kommenden bildeten auch die Einsatzreserve des Ordens: war in relativen Friedenszeiten ein Großteil der Ritter und dienenden Brüder in den Kommenden tätig, so konnten diese in Krisenzeiten rasch einberufen werden. Umgekehrt dienten die Kommenden auch als Altersruhesitz für Ordensritter, die für den aktiven Kampf nicht mehr tauglich waren.

Diese geradezu modern anmutende vierstufige Organisationsstruktur des Ordens, Konvent-Großpriorate-Priorate-Komturen, hat sich natürlich nicht an einem Tag herausgebildet und ist auch nicht ohne eine Vielzahl von Ausnahmen und Sonderregelungen geblieben. Für unsere Geschichte können wir uns aber durchaus mit der Kenntnis dieser grundsätzlichen Struktur des Ordens zufrieden geben.

-

Wichtiger als die formale Struktur des Johanniterordens muss uns jetzt eine Entwicklung sein, die wenige Jahrzehnte vor dem Fall von Akka und dem damit verbundenen Verlust des Ordenssitzes im Jahre 1292 eingesetzt hatte.

Schon 1187, mit der für die Christen so verheerenden Schlacht von Hattin am 4. Juli, die auch den Johannitern einen hohen Blutzoll abverlangt hatte, war mit Jerusalem der bisherige Ordenssitz verloren gegangen. Wie auch der König von Jerusalem hatte der Orden seinen Sitz in die Hafenstadt Akka verlegt, die später zum letzten Brückenkopf der Europäer in Palästina werden sollte. So auf einen schmalen Küstenstreifen zusammengedrängt, und damit noch mehr als bisher auf Nachschub aus dem Westen angewiesen, begann der Orden, eben diesen Nachschub professionell zu organisieren. War er bisher auf Transportkapazität der italienischen Seefahrerrepubliken angewiesen, so entschloss er sich nun, eigene Schiffe zu kaufen. Nicht dass die Ritter jetzt eine eigene Seestreitkraft aufbauten, so weit waren sie noch nicht. Nein, es waren zunächst nur Transportschiffe, Galeeren, mit denen sie sich von den Schiffen der Genueser, Pisaner und Venezianer unabhängig machten, ja sogar in geringem Umfang in das lukrative Geschäft mit dem Transport von Pilgern einstiegen.

Diese Schiffe waren es dann auch, mit denen die letzten Überlebenden der Belagerung von Akka, unter ihnen der schwer verletzte Großmeister Jean de Villiers, aufs Meer entkommen konnten.

-

Mit dem endgültigen Verlust der europäischen Besitzungen im Vorderen Orient wurde die Insel Zypern zum östlichsten Vorposten der christlichen Länder. Gleichzeitig wurde sie zum Auffanglager für all diejenigen, die sich noch rechtzeitig aus den untergehenden Kreuzfahrerstaaten hatten absetzen können. Adlige europäischer Abstammung, Handelsherren, Soldaten und Geistliche hatten in großer Anzahl ihre Heimat verloren, und so mancher von ihnen hatte, in weiser Voraussicht, zumindest Teile seines Kapitals rechtzeitig zuvor hierher transferiert. So ist es zu erklären, dass Zypern jetzt eine ungeahnte wirtschaftliche Blüte erlebte.

Auch der Johanniterorden hatte lange vor dem Fall Akkas Immobilien auf Zypern erworben und dort eine Kommende mit ausgedehnten

Ländereien aufgebaut. Dazuhin bekam er jetzt vom König von Zypern noch die Stadt Limassol zum Lehen, wohin nun auch der Ordenssitz verlegt wurde. Auch auf ihre ursprüngliche Hauptaufgabe, der Krankenpflege, richteten die Ritter jetzt ihr Augenmerk und konnten in Limassol schon nach wenigen Jahren ein neues Krankenhaus in Betrieb nehmen.

Aber wie sollte es weitergehen? Als Lehensnehmer des Königs von Zypern hatten die Ritter ihre vom Papst garantierte Souveränität teilweise eingebüßt, denn dieser König besaß jetzt die Geschmacklosigkeit, vom Orden Steuern kassieren zu wollen. Um weiteren Schwierigkeiten dieser Art aus dem Weg zu gehen, musste man also einen anderen Ordenssitz finden.

Hinzu kam, dass die Aufgaben des Ordens neu überdacht werden mussten. Wir erinnern uns: neben der Krankenpflege hatte sich der Ritterorden den Schutz der Pilger und deren Reisewege auf die Fahnen geschrieben, woraus letztendlich auch die aktive Teilnahme am Kampf gegen die „Ungläubigen" geworden war. Der Pilgerstrom aber war bis auf Weiteres versiegt und der Kampf gegen die Ungläubigen verloren. Die Johanniter waren, wenngleich immer noch reich und mächtig, eine Organisation ohne adäquate Aufgabe.

Ich weiß nicht, ob das Generalkapitel, so etwas wie eine Vollversammlung des Ordens, das in Limassol zusammentrat, die Möglichkeit erwogen hat, den Orden kurzerhand aufzulösen. Auch eine Beschränkung auf seine ursprünglich rein karitative Aufgabe wäre in der gegebenen Situation durchaus denkbar gewesen. Das Generalkapitel aber entschied anders, nämlich den Kampf gegen den Islam zur See fortzuführen. Schiffe, wenngleich nur zu Transportzwecken, hatte man ja schon. Auch das notwendige seefahrerische Know-how hatte man damit schon erworben. Jetzt brauchten die Johanniter nur noch kampftaugliche Schiffe, mussten also die vorhandenen Galeeren umbauen und bewaffnen und mit der Zeit auch neue Schiffe hinzukaufen.

Auch ein endgültiges Kriegsziel wurde von dem Generalkapitel von Limassol festgelegt: die Rückeroberung Jerusalems.

-

Nach den Beschlüssen von Limassol lösten die Ritter das Problem des Ordenssitzes in Jahr 1306 auf höchst bemerkenswerte Weise: auf zwei jetzt kriegstauglichen Galeeren, beladen mit Rittern, Turkopolen, Pferden und einigen hundert zusätzlich angeworbenen Fußsoldaten, lief am 23. Juni in aller Heimlichkeit eine beachtliche Streitmacht aus dem Hafen von Limassol. Auf dem Meer traf sie mit zwei weiteren Galeeren zusammen, die von dem Genueser Vignolo dei Vignoli kommandiert wurden. Vignoli war Herr über die Inseln Kos und Leros, die er vom byzantinischen Kaiser zum Lehen bekommen hatte, und verdiente seinen Lebensunterhalt mit der Jagd auf islamische Schiffe.

Die Johanniter hatten mit Vignoli einen Vertrag abgeschlossen, der nicht weniger vorsah als die gemeinsame Eroberung der Insel Rhodos und einiger umliegender Inseln. Rhodos sollte nämlich der neue Sitz des Ordens werden. Zu diesem Zweck war man zuvor schon bei dem Kaiser von Byzanz vorstellig geworden, war aber abschlägig beschieden worden. Jetzt, in Zusammenarbeit mit Vignoli, wollte man sich mit Gewalt nehmen, was man auf dem Verhandlungsweg nicht bekommen konnte. Die Kriegsbeute übrigens, so sah es der Vertrag vor, sollte im Verhältnis zwei zu eins geteilt werden.

Man muss sich einmal auf der Zunge zergehen lassen, was da geschah: ein christlicher Orden, verbündet mit einem Seeräuber, griff ein christliches Land mit dem Ziel einer gewaltsamen Landnahme an. Beide, die Johanniter wie auch Vignoli, verstießen damit in einem Ausmaß gegen geltendes Recht, dass jetzt eigentlich ein wütender Aufschrei durch die christliche Welt hätte gehen müssen.

Aber nichts dergleichen geschah. Vielmehr schrieb sogar der Papst in Rom den Rittern, noch während der dreijährige Kampf um die Insel tobte, einen aufmunternden Brief, in dem der irregeleitete schismatische Kaiser von Byzanz als „ungläubig" geschmäht und damit, aus der Sicht des Papstes, die ganze Aktion legitimiert wurde.

1309 war schließlich die Eroberung von Rhodos abgeschlossen, und in den nächsten Jahren folgten weitere Inseln in der Umgebung, die zur strategischen Absicherung von Rhodos benötigt wurden. Später, 1344, sollte mit der Stadt Smyrna, dem heutigen Izmir, auch noch ein Brückenkopf auf dem kleinasiatischen Festland zu dem neuen Reich der Johanniter hinzukommen.

So war jetzt der Ritterstaat Rhodos geboren. Ein Staat, den die Johanniter durch den Bau gewaltiger Festungen absicherten, und der die Basis für ihre kommende Arbeit wurde, die Seekriegsführung gegen islamische Staaten. Die Johanniter oder Rhodier, wie sie bald genannt wurden, waren damit aufgestiegen in die erste Liga der christlichen Seemächte auf dem Mittelmeer, zu denen die Stadtstaaten Genua und Venedig, die spanischen Königreiche einschließlich Siziliens, der Kirchenstaat und, nicht zuletzt, immer noch das byzantinische Kaiserreich gehörten. Wann immer in den nächsten zweihundert Jahren Seeschlachten zwischen christlichen und islamischen Flotten geschlagen wurden, und das war häufig der Fall, waren die Rhodier dabei, meist sogar in vorderster Front.

Aus dem Krankenpflegeorden war eine militärische Großmacht mit Sitz in Rhodos und einer gewaltigen finanziellen und personellen Basis überall in Europa geworden.

-

Während nun die Ritter von Rhodos ihrem Geschäft, der christlich legitimierten Seeräuberei, nachgingen – die Rückeroberung Jerusalems ist nie wieder in greifbare Nähe gerückt –, wuchs in Anatolien eine Macht heran, die auf Jahrhunderte hinaus das Geschehen auf dem Mittelmeer bestimmen sollte.

Dort hatte das Kaiserreich Byzanz schon vor langer Zeit seine Macht unwiederbringbar an die Seldschuken verloren, einem türkischen Volksstamm, dessen Name sich von ihrem früheren Heerführer Seldschuk ableitet. Diese Seldschuken waren kurz vor dem ersten Kreuzzug von Osten her eingefallen und hatten mit der Zeit ihr Reich über ganz Kleinasien ausgedehnt. Später waren dann weitere türkische Stämme nachgezogen und hatten jeweils kleinere regionale Emirate errichtet.

Einer dieser Stämme, im Nordwesten Anatoliens ansässig, begann um 1300 unter seinem Emir Osman seine Macht in das jetzt untergehende Seldschukenreich auszudehnen. Schon Osmans Sohn Urslan nannte sich dann Sultan der Osmanen und setzte die Eroberung Kleinasiens fort. Ihm gelang auch kurz vor seinem Tod die Überschreitung der Dardanellen und damit die Ausdehnung seines Reiches nach Europa, wo er sich 1356 festsetzen konnte.

Urslan war es auch, der eine neue Waffe erfand, die wir später immer wieder auf den Schlachtfeldern rund ums Mittelmeer finden: die Janitscharen. Geraubte oder als Tributzahlung requirierte christliche Kinder wurden kaserniert und in einer strengen islamischen Erziehung zu todesverachtenden Kampfmaschinen abgerichtet.

Vorläufiger Höhepunkt der Expansion des osmanischen Reichs war schließlich 1453 die Eroberung Konstantinopels selbst und damit die endgültige Zerschlagung des byzantinischen Kaiserreichs. Sultan Mehmed II, „der Eroberer", war der Anführer der Osmanen, der „Istanbul!" („es ist erreicht") ausgerufen haben soll, als die alte Kaiserstadt endlich gefallen war. Und einmal mehr bekam die Stadt am Bosporus, früher Byzanz und seit der Spaltung des römischen Reichs Konstantinopel, einen neuen Namen, den sie bis heute trägt. Istanbul wurde zur Hauptstadt des osmanischen Reichs und sollte für mehrere Jahrhunderte das Machtzentrum des Islam sein.

-

Schon vor dem Fall Konstantinopels waren das griechische Festland und ein Teil des Balkans unter osmanische Herrschaft oder zumindest unter osmanischen Einfluss gelangt. Mehmet II (bis 1481) und sein Nachfolger Bajezid II („der Heilige", bis 1512) beschäftigten sich im Wesentlichen mit der Vertreibung der Venezianer aus ihrem Einflussgebiet. Dann kam Sultan Selim I (bis 1520), der sein Reich nach Osten ausdehnte und durch seinen Sieg über Persien und das Mamlukenreich Mesopotamien, Syrien, Libanon, Palästina und vor allem Ägypten vereinnahmte. Durch den Besitz von Ägypten kamen die osmanischen Sultane auch zu der Würde eines Kalifen, waren damit also auch formal Oberhaupt der islamischen Welt.

Ein Blick auf die Landkarte macht deutlich, welche Rolle die Ritter von Rhodos bei der Expansion des osmanischen Reichs spielten. Ganz Kleinasien, der vordere Orient einschließlich Ägyptens, Teile des Balkans, fast alle Inseln der Ägäis, all das gehörte schließlich dazu. Nur Rhodos steckte wie ein Stachel im Fleisch der Osmanen. Überdies operierten die ritterlichen Seeräuber höchst erfolgreich mitten im osmanischen Seegebiet und müssen wohl den türkischen Seehandel empfindlich gestört haben.

Jedenfalls musste es früher oder später zu kriegerischen Auseinandersetzungen kommen.

Der erste Zusammenstoß deutete sich schon an, als Mehmed gerade Istanbul erobert hatte. Er richtete nämlich reichlich unverschämte Tributforderungen an den damaligen Großmeister, Jean de Lastic. Dieser wies die Forderung natürlich zurück, erkannte, was wohl nicht ganz schwer war, die Gefahr, und rief unverzüglich die Mobilmachung aus. Einmal mehr machte sich jetzt das flexible Personalsystem der Rhodier bezahlt, und binnen eines Jahres war Rhodos in Verteidigungsbereitschaft.

Gerade rechtzeitig, denn schon 1455 griffen die Türken unter Admiral Hamza Bey mit 200 Schiffen erstmals an, gaben aber schnell wieder auf. Auch eine Belagerung von Kos gaben sie nach drei Wochen wieder auf, aber weitere kleinere Ordensbesitzungen, Leros, Kalymnos und Nisiros, wurden dem Erdboden gleich gemacht. Der Großmeister war inzwischen gestorben und Jacques de Milly, wie Lastic aus der Auvergne, war sein Nachfolger geworden.

Der nächste Großangriff ließ auf sich warten, aber es muss wohl ständig zu kleineren Zusammenstößen zwischen den Rittern und den Türken gekommen sein, denn 1468 erklärte Mehmet II dem Orden formal den Krieg, ein völlig unnötiger Akt, den ich mir nur damit erklären kann, dass der Sultan eine rechte Stinkwut auf die Rhodier gehabt haben muss. Auch jetzt wieder setzte der Großmeister, er hieß jetzt Gian Battista Orsini, eine sofortige Mobilmachung durch.

Orsini? Richtig, das ist die römische Familie, die insgesamt drei Päpste hervorgebracht hat, aber auch mit dem Grafen Matteo Orsini einen der berüchtigtsten Seeräuber, die je die Ägäis befahren haben. Dieser Großmeister Orsini muss einen beachtlichen familiären Hintergrund gehabt haben.

Jedenfalls war Rhodos spätestens ab 1470 wieder einmal in voller Verteidigungsbereitschaft, und auch alle Schiffe des Ordens, verstärkt um mindestens 20 private Schiffe, deren Eigner beziehungsweise Kapitäne gern unter der Flagge der Johanniter, dem achtzackigen Stern, fuhren.

Aber wo blieben die Türken? Um sich die Zeit zu vertreiben und die Schiffe und ihre Besatzungen zu beschäftigen, organisierte Orsini mal eben eine gemeinschaftliche Aktion mit Schiffen aus Venedig, dem

Kirchenstaat und dem Königreich Sizilien und griff Antalya an der Südküste Kleinasiens an. Nicht, dass diese Aktion wirklich ein Erfolg war, jedenfalls konnte Antalya nicht genommen werden. Die Stinkwut des Sultans in Istanbul aber wird dadurch kaum geringer geworden sein.

Noch weitere zehn Jahre sollte es dauern, bis die türkische Flotte endlich stand. Man kann nur vermuten, dass es interne Querelen am Hof in Istanbul waren, die den Flottenbau so sehr verzögert haben. Aber schließlich, am 23. Mai 1480 ging es los: 50 Galeeren und eine weitere große Zahl von Transportschiffen kamen in breiter Front von der Festlandsküste auf Rhodos zugefahren. Mehmed II hatte keine Kosten und Mühen gescheut und eine Armee von 70.000 Mann zusammengestellt, die den ganzen Weg vom Bosporus, an der kleinasiatischen Westküste entlang, bis auf die Höhe von Rhodos marschiert war. Dort war diese Armee auf Schiffe geladen worden und machte sich jetzt bereit für eine Invasion der Insel und eine Belagerung des Hauptquartiers der Johanniter.

Die Festung, in der sich die Verteidiger jetzt in gewohnter Ordnung zum Kampf rüsteten und die letzten Inspektionen an ihren Mauern durchführten, war mit 600 Rittern und etwa 1.500 Söldnern besetzt.

Erstaunlicher Weise verfolgten die Türken, die bald die ganze Insel besetzt hatten und jetzt die Festung der Johanniter berannten, keine kontinuierliche Taktik. Vielmehr versuchten sie im Laufe der Zeit, an verschiedenen Stellen die Verteidigungsanlagen zu brechen und die Mauern zu erstürmen. Immer wieder kam es zu erbitterten Gefechten, wenn die Angreifer eine Bresche geschlagen hatte. Und immer wieder gelang es den Rittern, die Bresche wieder zu schließen und die bereits eingedrungenen Türken nieder zu metzeln.

Ende Juli, nach unglaublichen Verlusten, gaben die Türken entnervt auf und zogen sich in ihr Lager zurück. Einen Monat später räumten sie die Insel und traten den Heimweg an. Gerade rechtzeitig, um auf dem Heimmarsch nicht auch noch von dem strengen anatolischen Winter eingeholt zu werden.

Im Nachhinein wurde deutlich, was Mehmed II bezweckt hatte. Noch während der Belagerung der Festung von Rhodos ging nämlich in Süditalien ein weiteres türkisches Invasionsheer an Land und schickte sich an, den dort gewonnenen Brückenkopf zu vergrößern. Das eigentliche Ziel der Türken war also Italien, und die Ritter von Rhodos störten bei der Versorgung der dortigen Invasionstruppen, die ja nur auf Schiffen durch die Ägäis erfolgen konnte. Mit dem Scheitern der Belagerung von Rhodos war dann auch die Operation Italien logistisch nicht mehr zu halten und wurde ein Jahr später aufgegeben.

-

Mehmet II starb 1481, und seine Nachfolger Bajezid und Selim setzten offensichtlich andere Schwerpunkte. Dies verschaffte den rhodischen Rittern eine Verschnaufpause bis zum Jahr 1520. In diesem Jahr bestieg ein achtzehn Jahre junger Mann namens Suleiman, der Sohn von Selim, den Thron des Sultans der Osmanen. Er sollte später den Beinamen „der Prächtige" bekommen, was schon erahnen lässt, dass wir von diesem Suleiman noch einiges hören werden.

Tatsächlich erreichte das Reich der Osmanen unter Suleiman dem Prächtigen, der bis ins Jahr 1566 hinein regieren sollte, seine größte Ausdehnung. Und er wurde zum größten Gegner des Johanniterordens, mit dem er so manchen Strauß focht und an dem er sich 1565, kurz vor seinem Tod, die Zähne ausbeißen sollte. Doch davon später.

Suleiman nahm zunächst die Vorstöße auf den Balkan wieder auf, eroberte 1521 Belgrad und 1526 Ungarn. 1529 stand er vor Wien, brach den Angriff aber wegen Nachschubproblemen wieder ab. Noch einmal, 1532, kam er in die Nähe von Wien und zog sich auch diesmal wieder zurück.

Für uns von besonderer Bedeutung ist die Tatsache, dass er die Bemühungen seines Urgroßvaters Mehmed wieder aufnahm, die rhodischen Ritter, die der osmanischen Expansion immer lästiger wurden, endlich aus der Ägäis zu vertreiben. Und so tauchten die Türken am 26. Juni 1522 ein weiteres Mal vor Rhodos auf, unter ganz ähnlichen Begleitumständen wie 1480. Wieder war ein gewaltiges Heer, diesmal allerdings doppelt so stark, auf dem langen Landweg herangerückt. Wieder wurde das Heer mit Transportschiffen vom Festland übergesetzt.

Auch in der Festung von Rhodos sah es ganz ähnlich aus wie 42 Jahre zuvor. Etwa 600 Ritter, jetzt unter dem Oberkommando des gerade erst neu gewählten Großmeisters Philippe Villiers de l'Isle Adam, machten sich auf eine schwere Belagerung gefasst. Diesmal war es eine noch größere Zahl von Söldnern, nämlich etwa 4.000, die zusammen mit der rhodischen Bürgerwehr den Rittern zur Seite stand. Und zur Sicherheit hatte de l'Isle Adam das ganze Umland auf der Insel verwüsten lassen: Felder waren abgeerntet, Gebäude niedergerissen und sogar die Brunnen vergiftet worden, um den Angreifern, die ansonsten ungestört anlanden konnten, jede Möglichkeit der Versorgung aus den Ressourcen des Landes zu nehmen.

Eigentlich hätte sich jetzt alles genau wie 1480 entwickeln können. Wie damals begannen die Türken mit dem Beschießen und Berennen der Festung an immer wechselnden Stellen. Und wie damals lieferten sich Angreifer und Verteidiger verheerende Geschützgefechte, bei denen die Türken ungeheure Verluste hinnehmen mussten. Aber dann verliefen einige Dinge anders als damals:

Ende Juli erschien Suleiman persönlich auf dem Schlachtfeld. Er war im Schutz einer kleinen Flottille mit seiner prachtvoll ausgestatteten Kriegsgaleere von Istanbul herbeigeeilt und, zur Demonstration seiner Macht und seines Siegeswillens, provozierend vor der Festung vorbeigefahren. Unverzüglich übernahm er selbst das Kommando, teilte seine Streitkräfte neu ein und organisierte neue Angriffe. Dieses Auftauchen des Herrschers bei seinen Truppen muss die Kampfmoral der Türken immens gesteigert haben.

Bald mussten die Ritter entdecken, dass es den Türken gelungen war, Spione in die Festung einzuschleusen, welche die Belagerer regelmäßig über die Lage in der Festung informierten. Besonders schwer wog dabei der Fall eines hoch stehenden Ritters, des Portugiesen Andrea d'Amaral, eines persönlichen Feindes de l'Isle Adams. D'Amarals Kammerdiener wurde beobachtet, wie er einen Nachrichtenpfeil zu den türkischen Belagerern schoss, und nach einem kurzen Kriegsgerichtsverfahren hingerichtet. D'Amaral selbst, immerhin zu der Zeit Kanzler des Ordens, war zuvor vorgeworfen worden, dass er die Aufstellung der Pulvervorräte des Ordens, für die er als Kanzler zuständig war, gefälscht hatte. Auch er wurde rasch zum Tode verurteilt und unehrenhaft hingerichtet, ohne zuvor ein Geständnis abgelegt zu haben. Wir wissen also nicht mit Sicherheit, ob es nur Schlamperei war oder bewusster Verrat, dessen d'Amaral sich schuldig gemacht hat. Tatsache jedoch ist, dass die Ritter zur Kenntnis nehmen mussten, dass ihr Pulvervorrat sehr viel niedriger war als bis dahin angenommen.

Eine neue Kampftechnik, die in den letzten Jahrzehnten erfunden worden war, spielte auch eine Rolle: das Unterminieren und Sprengen der Mauern. Schon früher hatte man mit Holz abgestützte Tunnel unter Festungsmauern gegraben, die man durch Feuer zum Einsturz brachte. Jetzt war man dazu übergegangen, diese Tunnel mit Sprengstoff zu füllen, womit eine sehr viel verheerendere Wirkung erzielt wurde.

Die entscheidende Taktik des jungen Sultans Suleiman aber bestand darin, seinen Leuten den Rückzug abzuschneiden. Waren nämlich frühere Belagerungen im Spätsommer abgebrochen worden um noch vor dem Winter eine geordnete Heimfahrt antreten zu können, so blieb das türkische Heer diesmal in Rhodos. Und jedem einzelnen türkischen Soldaten muss klar gewesen sein, dass er, ohne Schutz vor dem Wetter und ohne Nachschub vom Festland, den Winter nur dann überleben konnte, wenn die Belagerung rechtzeitig erfolgreich war.

Den Ausschlag gab schließlich ein psychologischer Schachzug Suleimans, der Anfang Dezember dem Großmeister das Angebot machte, im Falle einer Kapitulation in allen Ehren abziehen zu können. Wer von der Bevölkerung bleiben wollte, sollte dies dürfen und darüber hinaus, anders als das sonst üblich war, auch seine Religion ungestört beibehalten können. De l'Isle Adam wies das Angebot, wie nicht anders zu erwarten, zurück, aber Suleiman hatte den Text des Kapitulationsangebots vervielfältigen und mit Pfeilen in die Festung schießen lassen, so dass sich dessen Inhalt rasch unter der Bevölkerung herumsprach.

Als dann beim nächsten Angriff der Türken die Söldner und die einheimischen Hilfstruppen die Zusammenarbeit verweigerten, musste der Großmeister einsehen, dass die Sache des Ordens in Rhodos verloren war, und er stimmte der Kapitulation zu.

Am 1. Januar 1523 bestiegen die wenigen überlebenden rhodischen Ritter, zusammen mit den verbliebenen Söldnern und einem Teil der Bevölkerung, mit all ihrem Hab und Gut die verbliebenen Schiffe und segelten ab. Dass Suleiman diesen ehrenvollen Abzug zugelassen hat, ist eigentlich kaum zu verstehen. Man sagt, er habe das im Johanniterorden repräsentierte Rittertum bewundert und insgeheim eine geradezu schwärmerische Hochachtung für de l'Isle Adam empfunden.

-

Was nun folgte, war die zweite Odyssee der Ritter vom Hospital des heiligen Johannes von Jerusalem, wie wir sie jetzt wieder nennen müssen, denn Rhodos war verloren. Wieder, wie vor über 200 Jahren, waren sie heimatlos geworden und mussten sich, wollten sie als Orden überleben, einen neuen brauchbaren Standort als Sitz des Ordens suchen.

In zweierlei Hinsicht war jetzt aber die Situation anders als damals, als sie sich von Zypern nach Rhodos aufmachten. Erstens gab es kein Reich mehr, dem man, wie damals Byzanz, schadlos eben mal eine ganze Inselgruppe entreißen konnte. Und zweitens hatte nun der Orden eine für alle sichtbare und für Europa ungemein wichtige Aufgabe übernommen, nämlich die Expansion der Türken und des Islam zu verhindern, eine Expansion, die sich gerade anschickte, das Mittelmeer auf dem Wege über Nordafrika zu umklammern.

Es muss wohl eine traurige Flotte gewesen sein, die da am Neujahrstag des Jahres 1523 den Hafen von Rhodos verließ. Zwar war das Flaggschiff, die einige Jahre zuvor erbeutete „Kracke" Sta. Maria, eines der besten und kriegstauglichsten Schiffe, die damals auf dem Mittelmeer schwammen. Der Rest der Flotte jedoch, bis hinunter zu den im Grunde gar nicht hochseetüchtigen Inselhüpfern der rhodischen Flüchtlinge, machte einen erbärmlichen Eindruck. Und, ich muss mich hier wiederholen, das Mittelmeer ist um diese Jahreszeit äußerst gefährlich, weil plötzlich aufkommende heftige Stürme, die dann meist etwa drei Tage andauern, selbst heute noch moderne Segelyachten kentern und sinken lassen.

Auf dem Weg nach Kreta jedenfalls, wo die Flüchtenden zunächst einmal Schutz suchen und die Entwicklung des Wetters abwarten wollten, geriet die Flotte tatsächlich in einen solchen Sturm, der alle Schiffe außer der großen Kracke in Richtung Rhodos zurück warf. Selbst das Flaggschiff erreichte Kreta nur beschädigt und musste dort wochenlang auf die übrigen Schiffe warten. Die Rhodier, soweit sie überhaupt Kreta lebend erreichten, hatten in dem Sturm all ihr Hab und Gut verloren, denn sie hatten alles irgendwie Entbehrliche über Bord werfen müssen, um ihre Schiffe über Wasser zu halten.

Auf Kreta, das unter venezianischer Herrschaft stand, hatte der Orden keine Besitzungen. Deshalb sollte das nächst Etappenziel Messina sein, wo der Orden ein Priorat und ein Krankenhaus unterhielt, und wo de l'Isle Adam von der Anwesenheit vieler Ritter wusste, die dort auf dem Weg nach Rhodos hängen geblieben waren und nun auf die Ankunft ihres Großmeisters warteten. Dieser erwarb sich jetzt einmal mehr den Ruf eines wahren Helden und aufopferungsvollen Führers seiner übrig gebliebenen Schützlinge. Die kleineren Schiffe konnten nämlich den direkten Weg von der Südspitze der Peloponnes nach Messina, rund 250 Seemeilen über offenes Meer, nicht wagen. De l'Isle Adam übergab das Kommando über die Kracke dem englischen Ritter Sir William Weston und blieb selbst bei der Flotte der Rhodier, die nun an der Westküste Griechenlands entlang nach Norden segelte, um an der engsten Stelle der Adria den Übergang nach Italien zu erreichen, ein Umweg von mehreren Wochen, der den Flüchtlingen ihre letzte Kraft abverlangte.

Als sie dann endlich in Messina ankamen, waren sie von Krankheit und Schwäche weiter dezimiert, und das Flaggschiff der Johanniter, das mit seiner Krankenstation die Versorgung übernehmen musste, quoll über von Pflegebedürftigen. Neben der Ruhr trat jetzt nämlich eine neue schreckliche Krankheit auf: die Pest. Sie forderte weitere zahllose Opfer und führte darüber hinaus dazu, dass alle Schiffe der Johanniter unter Quarantäne gestellt wurden und die Flüchtlinge nicht an Land durften.

So sammelten sich die Schiffe wieder, zogen an der Küste entlang nach Norden, versuchten in Pozzuoli zu landen, wo sie als unerwünscht weg geschickt wurden, und schlugen bei Cumae in der Bucht von Neapel ein Lager auf. Auch von dort, inzwischen war es Sommer geworden und das Klima in Cumae ziemlich unerträglich, zogen sie bald weiter und erreichten schließlich Civitavecchia, eine Hafenstadt, die nicht allzu weit von Rom entfernt liegt.

Natürlich hatte de l'Isle Adam schon von Kreta aus Kontakt mit dem Papst, derzeit Adrian VI, aufgenommen und auch anfragen lassen, wie der sich die weitere Zukunft des Ordens vorstellte. Im Orden wurde nämlich der Wunsch vieler Ritter immer deutlicher, von ihrem Eid entbunden und nach Hause entlassen zu werden. Dies aber hatte Adrian VI energisch untersagt.

Trotzdem spürte der Großmeister deutlich, dass er in Rom unwillkommen war. Als er nämlich jetzt, von Civitavecchia aus, um eine Audienz nachfragte, ließ ihm der Papst ausrichten, er möchte doch das Ende des Sommers abwarten, wenn die große Hitze vorbei sei. Es war aber natürlich nicht die Sommerhitze, die den Papst auf Zeit spielen ließ, sondern vielmehr die aktuelle politische Situation. Zwischen Karl V als spanischem König und deutschem Kaiser und dem französischen König Franz I war nämlich inzwischen ein Machtkampf um die Vorherrschaft in Europa ausgebrochen. Auch der französische König hatte 1519 Anspruch auf die Kaiserkrone erhoben und sah sich jetzt von den beiden Reichsteilen Karls in die Zange genommen. Der Papst wiederum hatte Partei für Karl ergriffen, musste sich also auf eine ernsthafte Auseinandersetzung mit Frankreich einstellen. Und da kam ihm der Johanniterorden unter einem französischen Großmeister und mit einem hohen Anteil französischer Mitglieder recht ungelegen.

-

Erst Ende August kam es schließlich zum feierlichen Einzug einer Delegation der Johanniter unter der Führung ihres Großmeisters in Rom, wo sie, schließlich galten die Ritter ja als die Retter des Abendlandes vor der türkischen Gefahr, mit allem Prunk empfangen wurden. Unverzüglich sollten jetzt Verhandlungen über die weitere Zukunft des Ordens beginnen, der in erster Linie die Unterstützung des Papstes und der europäischen Herrscher bei der Rückeroberung von Rhodos suchte. Daran war aber angesichts der innereuropäischen Spannungen derzeit überhaupt nicht zu denken, so dass der Orden wenigstens die zweitbeste Verhandlungslösung suchen musste, einen neuen Ordenssitz nämlich, der mindestens vom Papst und vom Kaiser anerkannt wurde.

Aber leider kamen die Verhandlungen zunächst noch nicht in Gang, denn unmittelbar nach der Ankunft der Johanniter in Rom, am 14. September, verstarb Adrian VI nach kurzer Krankheit, und nun musste erst mal ein neuer Papst gewählt werden.

Die folgende Papstwahl, wie immer ein politisches Intrigenspiel erster Güte, zog sich zwei Monate hin. Die beiden Hauptkonkurrenten um den Stuhl Petri stammten aus den Familien Medici aus Florenz und Coronna aus Rom. Der Medici erwies sich als cleverer, denn er brachte mit einem Orsini einen dritten Kandidaten ins Spiel. Der gräflichen Familie Orsini sind wir ja schon einmal begegnet, ihr entstammten ein berüchtigter Seeräuber und ein auf Rhodos amtierender Großmeister. Jedenfalls waren sich die Coronnas und die Orsinis so spinnefeind, dass der Coronna es vorzog, den Medici zu unterstützen, nur um eine mögliche Wahl des Orsini zu verhindern. So wurde denn der Medici schließlich als Clemens VII zum Papst gewählt.

Für den Johanniterorden bedeutete die Wahl des Medici einen Vorteil, denn dieser war schon als Kardinal dem Orden nahe gestanden. Und tatsächlich war es eine der ersten Amtshandlungen des neuen Papstes, dem Orden zunächst einmal die Stadt Viterbo, etwa 60 km nördlich von Rom, als Ordenssitz zuzuweisen. Viterbo war insofern eine für den Orden günstige Wahl, weil es nicht allzu weit von Civitavecchia entfernt liegt, wo ja die Ordensschiffe lagen. Dorthin zogen jetzt die Ritter, immer noch begleitet von den übrig gebliebenen Rhodiern, richteten sich häuslich ein und verbrachten den Winter.

Aber Viterbo sollte nicht der endgültige Ordenssitz werden, denn für die wesentliche Aufgabe der Ritter, die Bekämpfung des Islam zur See, war diese Stadt zu ungünstig gelegen. So verlegte de l'Isle Adam den Ordenssitz immer wieder, nach Villefranche in Savoyen, nach Nizza und schließlich nach Syrakus auf Sizilien. Dabei hatte der Großmeister immer noch das vordringliche Ziel im Auge, Rhodos zurück zu erobern.

-

Schon 1524 hatte der Vizekönig von Sizilien, dem die Anwesenheit des Ordens auf seiner Insel sicher nicht geheuer war, die maltesische Inselgruppe als möglichen Ordenssitz für die Johanniter ins Spiel gebracht. Die Verteidigung dieser Inseln und die Versorgung ihrer Bevölkerung waren ihm nämlich lästig und vor allem zu teuer geworden. Wenn er also erreichen konnte, dass sich die Johanniter auf Malta festsetzten, hätte er zwei Fliegen mit einer Klappe geschlagen.

Aus der Sicht Karls V war Malta als Sitz des Ordens geografisch optimal, lag es doch exakt auf der Trennlinie zwischen seinem eigenen Einflussbereich und dem des Sultans Suleiman, und diese Beiden, der Kaiser und der Sultan, waren zur Zeit die einzigen ernsthaften Konkurrenten um die Vorherrschaft auf dem Mittelmeer.

Der Orden sah die Sache etwas anders. Zwar entsandte er eine Delegation nach Malta, welche die Inseln auf ihre Tauglichkeit als Ordenssitz untersuchen sollte. Aber der Bericht dieser Abordnung fiel nicht eben begeistert aus: die Inseln waren karg und ihre Einwohner bitter arm. Befestigungen gab es kaum, und wenn, dann waren sie, wie die Zitadelle von Gozo, halb verfallen. Die Herren der Insel waren Adlige sizilianischer oder spanischer Herkunft, die in der Hauptstadt Mdina mitten auf der Hauptinsel residierten und einer Besitznahme durch die Johanniter nicht gerade freudig entgegen sahen. Immerhin gab es zwei ausgezeichnete Naturhäfen, die dem Orden als Ausgangsbasis für seine Seeoperationen dienen konnten. Und es gab Steine, jede Menge Steine, die allerdings hervorragend für den Festungsbau geeignet waren.

Dass aber der Orden den spanischen König als Lehnsherren akzeptieren sollte, schmeckte dem Franzosen de l'Isle Adam überhaupt nicht. Er sah darin eine massive Gefahr für die Neutralität des Ordens, und natürlich auch eine Quelle interner Spannungen. Als sich dann aber die politischen Ereignisse überschlugen, als der König von England die englischen Ritter zur Rückkehr aufforderte, der Kaiser die italienischen Besitztümer des Ordens für sich forderte und Portugal die Einnahmen der dortigen Ordensgüter beanspruchte, und als schließlich 1527 kaiserliche Truppen Rom besetzten, den Papst gefangen nahmen und die Medici aus Florenz verjagten, musste sich de l'Isle Adam fügen. Er reiste nach Madrid und versuchte, auf dem Verhandlungsweg das Beste heraus zu holen.

Der Orden musste sich verpflichten, Spanien bei jedem Krieg gegen die „Ungläubigen" zu unterstützen. Dafür war er von allen sonst üblichen Lehensverpflichtungen, insbesondere vom Kriegsdienst und von Steuerzahlungen, freigestellt. Neben Malta und Gozo sollten die Johanniter auch die Verantwortung für die Stadt Tripolis übernehmen. Ferner sollte der Bischof von Malta wie bisher vom Kaiser ernannt werden, und der General der Galeeren des Ordens sollte stets ein Italiener sein. Der Vizekönig von Sizilien sollte der Vertreter des Königs gegenüber dem Orden sein, und diesem Vizekönig sollte der Orden jährlich, jeweils an Allerheiligen, einen Malteser Falken als symbolische Lehensleistung überbringen. Sollte der Orden jemals Malta und Gozo aufgeben, so sollten die Inseln an das Königreich Sizilien zurück fallen.

Das Abkommen zwischen Kaiser Karl V und dem Orden der Ritter vom Hospital des heiligen Johannes von Jerusalem wurde am 24. März 1530 in Castelfranco unterzeichnet und schließlich, am 26. Oktober, fuhr die Flotte des Ordens, an der Spitze die Kracken Sta. Maria und Sta. Anna, ein kürzlich fertig gestellter Nachbau der ersten Kracke, unter der Führung seines Großmeisters Philippe Villiers de l'Isle Adam in den großen Hafen von Malta ein und der Orden ergriff formal Besitz von den maltesischen Inseln.

Damit begann ein neues Kapitel in der Geschichte des Johanniterordens.

MaltaCOM

Im Hinblick auf seine Telekommunikations-Infrastruktur ist Malta überraschend weit entwickelt. Schon Anfang der neunziger Jahre wurde das landesweite Telefonnetz von der alten, auf mechanischen "Hub-Dreh-Wählern" basierenden Technik vollständig umgestellt auf vollelektronische Digitaltechnik.

Gozos Telefonzentrum ist ein unscheinbares Gebäude im Industrieviertel von Xewkija, in dem alle gozitanischen Telefonleitungen zusammenlaufen und von wo aus, per Richtfunk und per Seekabel die Anbindung an die Außenwelt, sprich: nach Malta, stattfindet.

Auch ein TV-Kabelnetz existiert und deckt, wie man mir glaubhaft versicherte, so gut wie alle Haushalte in Gozo ab.

Schließlich fällt auf, dass die Durchdringung Gozos mit Internet-Anschlüssen weiter fortgeschritten ist als in so mancher europäischen Industrienation. Viele kleine Unternehmen, Restaurants, Hotels, ja sogar mein Freund George aus Xlendi, der mit umgebauten Fischerbooten Touristen in Tagesausflügen um die Insel schippert, preist seine Dienste im Internet an. Die Abfahrtszeiten der Fähren, der Flugplan des Hubschrauber-Shuttle-Service, Öffnungszeiten der einzelnen Bankfilialen, ja sogar die Gottesdienstzeiten einzelner Kirchen sind im Internet verfügbar. Hier hat man einen Entwicklungsstand erreicht, der einige Anerkennung verdient.

Auch die Nutzung des Internet durch private Haushalte scheint bemerkenswert groß zu sein. Meine oft gestellte Frage: "Hast du einen Computer und einen Internet-Anschluss zu Hause?" wird in letzter Zeit fast immer mit ja beantwortet.

Dass die Nachfrage nach Internet-Kommunikation in Malta und Gozo so hoch ist, hat sicher einen Grund darin, dass mehr als doppelt soviel Malteser im Ausland leben wie in Malta selbst. Vor allem Australien und Kanada, aber auch USA, England und Italien sind hier zu nennen. Und um nun mit den vielen Auslandsmaltesern Kontakt zu halten ist das Internet, weit mehr als das Briefschreiben und das Telefonieren, fast ein Geschenk Gottes.

Ermöglicht wird die hohe Internet-Verfügbarkeit in Malta durch einige (derzeit sind es etwa ein Dutzend) Internet Service Provider, die Internet Zugang verkaufen und die so den Zugriff auf das Internet sowohl für Informations-Anbieter als auch für Informations-Nachfrager problemlos und durchaus preiswert anbieten.

Zumindest der einfache Internet-Zugang für den privaten Nutzer erfolgt am bequemsten über einen ganz normalen Telefonanschluss, an dem man ein Modem und daran schließlich den Computer anschließt; ein bisschen Software, und schon hat man das Internet im Wohnzimmer.

-

Aber da liegt der Hase im Pfeffer: man braucht einen Telefonanschluss. Und dass es gar nicht einfach ist, einen solchen Telefonanschluss zu erhalten, durfte ich am eigenen Leib leidvoll erfahren.

Als wir unser Haus in Gharb kauften, war dort schon ein Telefonanschluss installiert. Ich kam also mit dem Vorbesitzer überein, dass ich diesen Anschluss übernehme, und wir waren beide der Ansicht, dass wir zu diesem gemeinsamen Zweck zur lokalen Niederlassung von Malta-COM gehen und ein wie auch immer geartetes Formular unterschreiben müssten.

Aber so einfach ist das nicht!

Hier muss ich wohl zunächst ein paar Worte über das Funktionieren - oder besser: das Nicht-Funktionieren - staatlicher, monopolistischer Telefongesellschaften verlieren. Ich selbst habe nämlich während meiner beruflichen Tätigkeit viel darüber erfahren müssen und habe auch in den letzten Jahren den Wechsel erlebt, den die Freigabe eines nationalen Telefonmarktes bewirkt.

In Deutschland hatten wir vor Jahren die Bundespost, Teil der staatlichen Verwaltung und Monopolist für - unter anderem - das Telekommunikationswesen, dirigiert von einem eigenen Ministerium und augenscheinlich versehen mit der vornehmen Aufgabe, die Entwicklung einer modernen Kommunikationsinfrastruktur wenn schon nicht zu verhindern, so doch so weit möglich, zu verzögern.

Die formale Privatisierung der Bundespost und die Ausgliederung der Telekom als eigenständige Gesellschaft hat zunächst wenig an der Situation geändert. Erst als dann der Markt freigegeben wurde, als

Konkurrenzfirmen ihre Produkte und Dienste zu kalkulierten Preisen anbieten durften, purzelten einerseits die Preise und ging andererseits die Qualität der Dienste sprunghaft in die Höhe.

Malta hinkte in dieser Entwicklung einen Schritt hinter dem übrigen Europa her. Zwar war die staatliche Organisation "TeleMalta" vor Jahren privatisiert - genauer: an Aktionäre verkauft - worden, und das Ergebnis firmierte mittlerweile als Aktiengesellschaft namens "Malta-COM". Geändert hatte das aber gar nichts. MaltaCOM war, per Staatsvertrag bis ins Jahr 2010, Monopolist für die kabelgebundene Telefonie und verhielt sich auch genüsslich wie ein solcher.

Zurück also zu meinem Versuch, den Telefonanschluss des Vorbesitzers unseres Hauses per Handstreich zu übernehmen. Um alles vorzubereiten, marschierte ich in das MaltaCOM Office in der Republic Street, der unumstrittenen Hauptstraße in Victoria.

Dort schilderte ich mein Anliegen und bat, höflich, wie ich meine, um ein geeignetes Antragsformular. Leider wurde mir mitgeteilt, dass ich erst die Bestätigung einer Bank vorlegen müsse, dass ich den Betrag von LM 500 (immerhin rund 2.300 DM) dort als Garantiesumme hinterlegt habe für den Fall, dass ich meine Telefonrechnung nicht bezahle.

„Na ja", dachte ich. "Das macht ja vielleicht Sinn." Zumal man mir zu verstehen gab, dass früher allzu viele Ausländer nach Malta gekommen seien, wie die Wilden telefoniert hätten, um sich danach unter Hintanlassung unbezahlter Rechnungen aus Malta abzusetzen. Außerdem versicherte mir das Personal bei MaltaCOM wortreich, dass man in der Bank das Verfahren kenne und auch sonst Bescheid wisse.

Also auf zur Bank, wo man mich von der Abwicklung des Hauskaufs in den Tagen zuvor schon kannte.

Dort aber machte man mir die Unsinnigkeit meines jetzigen Anliegens schnell klar: solange ich noch keinen Antrag bei MaltaCOM gestellt habe, könne man auch kein Sicherungskonto eröffnen und damit erst recht keine entsprechende Bestätigung ausstellen.

Voll mitfühlenden Verständnisses für den Hauptmann von Köpenick überquerte ich abermals die Hauptstraße von Victoria - glücklicherweise liegen MaltaCOM und die Bank einander schräg gegenüber - um der Dame am MaltaCOM-Schalter die mittlerweile komplizierter gewordene

Situation zu erklären und das weitere Vorgehen zu erörtern. Auf dem Weg dorthin kam mir noch die brillante Idee, mit unserem Makler Joe, der mir noch einen Gefallen schuldete, einen Einheimischen und damit einen sowohl mit der maltesischen Sprache als auch mit maltesischer Gepflogenheit vertrauten Helfer mitzunehmen. Auch das Maklerbüro liegt glücklicherweise nur zwei Häuser weiter.

So kam es, dass wir jetzt sogar in maltesischer Sprache verhandeln konnten, eine Vorgehensweise, die normalerweise hundertprozentige Erfolgsaussicht garantiert. Nicht aber in diesem Fall. Das Verfahren sei neu, die Bank habe eigens dafür ein Formular, und außerdem wäre, wenn ich nur eine maltesische ID-Karte hätte, alles ganz anders.

Für Joe hörte sich das jetzt wieder recht vernünftig an. Auch hatte er ja guten Grund zu der Annahme, dass ich beim ersten Mal alles falsch verstanden oder zumindest bei der Bank falsch dargestellt hatte. Und auch ich war jetzt wieder unsicher geworden.

Also wieder, diesmal zu zweit, über die Straße und in die Bank. Dort die meisten Angestellten persönlich zu kennen, ab und an die Frage nach dem Wohlbefinden der Kinder einstreuen zu können, so etwas ebnet Wege. Das ist in Gozo nicht anders als sonst wo auf der Welt. Kurzum: ich stieß in Joes Begleitung auf sehr viel mehr Wohlwollen bei den Bankangestellten, als mir das alleine zuteil geworden war.

Das Ergebnis war allerdings dasselbe. Kein Telefonantrag, kein Konto, keine Bestätigung!

Joes Vorschlag, jetzt vielleicht doch nochmals bei MaltaCOM vorzusprechen, schien mir jetzt eigentlich ganz einleuchtend. Also über die Straße zu MaltaCOM, nochmals argumentiert, wieder abgeschmettert: Erst Bank, dann Antrag!

Wieder auf der Straße war es mir nun doch eine kleine Erleichterung, Joe ebenso ratlos zu sehen wie zuvor mich selbst. An einer kleinen, an sich leicht lösbaren Aufgabe zu scheitern, empfinde ich nämlich als äußerst beschämend. Hier handelte es sich aber ganz offensichtlich um ein richtig großes Ding.

Also was tun? Bei solch widersprüchlichen Situationen ist es oft eine gute Idee, die sich widersprechenden Parteien in direkten Kontakt zueinander zu bringen. Auf diese Idee war Joe eben schon bei MaltaCOM gekommen. Sein diesbezüglicher Vorschlag war dort aber von einer resoluten Dame am Schalter strikt abgelehnt worden. Auch ein sehr fülliger und sehr wichtig aussehender Herr hinter der Dame, offensichtlich so etwas wie der Bürovorsteher und damit wohl der Vorgesetzte der resoluten Schalterdame, hatte unseren Vorschlag, bei der Bank anzurufen, mit dem Ausdruck höchster Empörung von sich gewiesen.

Also wieder zur Bank.

Mit großer Überredungskunst - wirklich schade in diesem Augenblick, dass ich kein Maltesisch verstand - gelang es Joe schließlich, einen der ihm persönlich bekannten Bankangestellten dazu zu überreden, seinerseits bei MaltaCOM anzurufen. Im Nachhinein gesehen war dies wohl der entscheidende Augenblick, der dramaturgische Höhepunkt des Geschehens. Der Bankangestellte wurde nämlich, während er telefonierte, zusehends nervöser. Er geriet ins Schwitzen, raufte sich die Haare, machte sich Notizen auf Zetteln, die er allerdings anfangs gleich wieder zerknüllte und in den Papierkorb warf. Nach geraumer Zeit - es wird wohl etwa eine Viertelstunde gedauert haben - beendete er das Telefongespräch, kritzelte lange und umständlich in seinen Notizen herum und rief nochmals an. Auch während des zweiten Telefongesprächs zeichnete sich kein erkennbarer Ausdruck des Verstehens in seiner Mimik ab.

Schließlich ging auch dieses zweite Telefongespräch zu Ende. Der Banker sagte etwas unfreundlich Klingendes auf Maltesisch zu Joe und verschwand hinter den Kulissen. Joe, ein normalerweise sehr zurückhaltend formulierender Mensch, übersetzte mir auf meine Frage hin zaghaft ein paar Wörter mit "Idioten" und "Dummköpfe". Ich werde aber den Verdacht nicht los, dass da wesentlich unfreundlichere Worte gefallen waren; die maltesische Sprache wird vermutlich darüber verfügen.

Aber noch etwas übersetzte Joe: wir sollten warten. Er, der Banker, würde sich um alles kümmern.

Eine weitere halbe Stunde verging. Hinter den Kulissen, die im Falle dieser Bank aus einem leidlich durchsichtigen Flechtwerk aus Holz oder Binsen bestehen, sah man unseren Banker ab und zu in geschäftiger Hektik von einem Schreibtisch zum nächsten und von einem Telefon zum anderen eilen. Vorne auf der Bühne tat sich nichts.

Inzwischen waren auch John und seine Frau Susi, die Vorbesitzer des Hauses und noch Inhaber des Telefonanschlusses, zu uns gestoßen. Mit John hatte ich mich nämlich für viertel vor eins bei MaltaCOM verabredet, damit wir den Übernahmeantrag unterschreiben konnten.

Es wurde ein Uhr. Die Bank schloss. Immer noch, hinter den Kulissen, hektische Betriebsamkeit. Und wir, die Wartenden, wurden glücklicherweise geduldet und nicht hinaus komplimentiert.

Da! Eine Angestellte, die wir nie zuvor gesehen hatten, trat heraus, sprach mich an, ließ mich einen Stapel unterschiedlicher Formulare unterschreiben und bat mich auch, einen Scheck über 500 Maltesische Pfund auszustellen. Soeben hatte ich, wie man mir erklärte, ein Sparbuch angelegt, das stolze 1,55 Prozent Zinsen abwerfen sollte, und das blockiert sein sollte, solange ich den Telefonanschluss behielt.

Wenig später wieder die Dame aus den Kulissen: "Sorry!". Leider kostet das Anlegen eines solchen Sparbuchs sowie das Anfertigen mehrerer Schriftstücke eine Gebühr von LM 20. Also noch zwei Unterschriften und noch ein Scheck.

Und dann, eine weitere halbe Stunde später, trat unser hektischer Banker wieder auf: er hatte das Problem gelöst. Er hatte nämlich einen persönlichen Bekannten im Hauptquartier von MaltaCOM in Malta selbst angerufen. Der hatte von einem solchen Fall gehört, kannte auch jemanden, der schon einmal eine entsprechende Bestätigung formuliert hatte und schickte unserem Banker jetzt per Fax eine Kopie eben dieser Bestätigung. Jetzt musste das Ganze in Anlehnung an dieses Muster nur nochmals geschrieben werden - eine weitere halbe Stunde.

Und dann hielt ich sie in der Hand, die von der Bank mit zwei Unterschriften und einem Stempel eindrucksvoll abgesegnete Bestätigung, dass ich nunmehr genügend Geld hinterlegt hatte, damit meine Telefonrechnung im Zweifel wirklich bezahlt werden konnte.

Zurück über die Straße zu MaltaCOM, wo man eigentlich gerade hatte schließen wollen. Aber John war vorsorglich schon vorausgegangen, um genau dieses zu verhindern. Ich präsentierte meine Bankbestätigung, die von dem MaltaCOM-Personal auch gebührend bewundert wurde - wir waren uns jetzt sicher, dass sie so etwas noch nie zuvor gesehen hatten.

Jetzt endlich bekamen wir ein Antragsformular ausgehändigt, das John und ich rasch ausfüllten und unterschrieben. Noch ein paar nette Worte, und ich war im Besitz eines Telefonanschlusses.

Eigentlich ist es gar nicht schwierig, in Gozo einen Telefonanschluss zu bekommen.

Seeräuber und die Katastrophe von 1551

Wir stehen auf der mittelalterlichen Nordmauer der Zitadelle von Gozo und staunen über den wunderbaren Ausblick hinunter in das Tal von Marsalforn und hinüber zu den für Gozo charakteristischen Tafelbergen, auf denen teilweise, wie im Fall von Zebbugg und Xaghra, große Dörfer gewachsen sind. Der Nachbarberg Gelmus fällt uns auf, der kahl und unbebaut ist und offensichtlich nur dem Abschuss der Feuerwerksraketen während der verschiedenen Gemeindefeste dient. Den Berg Ghammar sehen wir dahinter, mit seinen weithin weiß leuchtenden Heiligenfiguren Endstation des von Ta'Pinu hinauf führenden Kreuzweges. Und ganz hinten der Gordan mit seinem Leuchtturm, der früher, zusammen mit seinem sizilianischen Gegenüber auf dem Kap Passeo, den Seefahrern die Durchfahrt zwischen Sizilien und Gozo gewiesen hat.

Einem der zahlreichen Reiseführer entnehmen wir, dass die Zitadelle über Jahrhunderte hinweg zentraler und einziger Fluchtpunkt der Gozitaner im Falle der leider sehr häufigen Seeräuberüberfälle auf Gozo war. Und wir sehen sie das Tal herauf stürmen: finstere, zerlumpte Gesellen mit Krummschwertern und Entermessern, die Bauernhöfe auf ihrem Weg plündernd. Ihr Schiff haben sie in der Bucht von Marsalforn zurückgelassen. Und wenn sie dann sehen, dass wir hinter den hohen Mauern geschützt sind, ziehen sie fluchend und schimpfend wieder ab, Karren mit Wein, Brot, lebenden Hühnern und getrocknetem Fleisch, vielleicht noch eine Sau oder ein Schaf an Stricken hinter sich her ziehend.

Einmal, im Jahr 1551, so sagt uns der Reiseführer, ist es den Seeräubern gelungen, die Zitadelle einzunehmen. Fast die gesamte Einwohnerschaft Gozos, nahezu 6.000 Menschen, wurde verschleppt, einige vorher im Kampf um die Festung erschlagen. 300 konnten sich nachts durch einen Geheimgang direkt unter uns in der Nordmauer retten und in den vielen Höhlen der Insel verstecken.

Seeräuber? Wie kann eine wilde Schar von Seeräubern eine solche imposante Festung einnehmen? Der Name Dragut fällt, Dragut Rais, der fürchterliche Seeräuber, der später auf türkischer Seite an der großen

Belagerung von Malta 1565 mitgekämpft hat und dabei ums Leben gekommen ist. Sein Name ist noch heute jedem Gozitaner geläufig, wie bei uns zu Hause der des Räubers Hotzenplotz.

Aber wer war dieser Dragut und woher kamen diese Seeräuber?

-

Wir wissen, dass es Seeräuber auf dem Mittelmeer gegeben hat, seit hier Schifffahrt betrieben wurde. Noch heute entscheidet sich ein besonnener Skipper, der von Gibraltar kommend nach Malta segelt, nicht für den kurzen Weg an der afrikanischen Küste entlang, sondern er segelt weiter nördlich, über Ibiza, Sardinien und Sizilien. Ganz geheuer ist die afrikanische Nordküste nämlich bis heute nicht. Und aus der römischen Geschichte wissen wir, dass sich der Feldherr Pompeius 67 vor Christus einen Namen damit gemacht hat, dass ihm gegen die Seeräuber eine entscheidende Schlacht gelungen ist. Daraus können wir sicher schließen, dass auch damals diese Seeräuber eine rechte Plage gewesen sind und die römische Schifffahrt empfindlich gestört haben müssen.

Um nun Dragut Rais und seine räuberische Schar richtig einordnen zu können, müssen wir etwa ein halbes Jahrhundert zurückgehen, an das Ende des 15. Jahrhunderts. 1492 war nicht nur das Jahr, in dem Christoph Kolumbus Amerika entdeckte, sondern auch das Jahr, in dem mit Granada die letzte islamische Bastion in Spanien fiel und damit die spanische *Reconquista* (Rückeroberung) abgeschlossen war. Genau genommen machte letzteres Kolumbus' Entdeckerfahrt erst möglich.

Zwar hatten die spanischen Herrscher, die „allerchristlichsten Majestäten" Isabella von Kastilien und Ferdinand von Aragon, die durch ihre Eheschließung Spanien geeint hatten, den Nichtchristen Granadas für den Fall der Kapitulation freie Religionsausübung zugesagt. Aber die Inquisition war die eigentliche Macht in Spanien und wischte diese Zusage wenig später vom Tisch. Mohammedaner und Juden (unter islamischer Herrschaft waren die spanischen Juden zu erstaunlicher wissenschaftlicher und zivilisatorischer Blüte gelangt) mussten sich entweder taufen lassen oder binnen weniger Wochen das Land verlassen. Dabei haben diejenigen, die flohen, letztlich das bessere Los gezogen, denn die im Land gebliebenen und getauften Mohammedaner und Juden wurden weiter von der Inquisition verfolgt und ebenso systematisch wie gnadenlos ausgerottet. Die meisten Flüchtlinge, was blieb ihnen auch sonst übrig, setzten nach Afrika über und versuchten dort ihr Glück.

Isabella und Ferdinand hatten eine Tochter Johanna, die mit dem Habsburger Kaisersohn Philipp („dem Schönen") verheiratet wurde, einer der berühmten Schachzüge in der nicht minder berühmten habsburgischen Heiratspolitik. Dieser Ehe wiederum entsprang ein Sohn Karl, seit 1516 König von Kastilien und Aragon, der 1520 in Aachen als Karl V zum Kaiser gekrönt wurde. Als solcher ist er dann auch als mächtigster Kaiser, „in dessen Reich die Sonne niemals untergeht", in die europäische Geschichte eingegangen. Als König von Kastilien und Aragon hieß er übrigens Carlos I (gesprochen: Carlos primero). Nach diesem Carlos Primero ist bis heute einer der besten spanischen Weinbrände benannt, der typischerweise in angewärmten Gläsern serviert wird.

Fassen wir zusammen: in der Mitte der ersten Hälfte des 16. Jahrhunderts ist im Westen des Mittelmeers mit Spanien als Teil des Heiligen Römischen Reichs Deutscher Nation eine Supermacht auf der Bühne der Weltpolitik, die zigtausende ihrer Bewohner nach Nordafrika und zu anderen Ufern des Mittelmeers verjagt und sie zu recht- und vaterlandslosen Flüchtlingen gemacht hat.

Auf der anderen Seite des Mittelmeers, im Osten, war allerdings ebenfalls eine Supermacht herangewachsen, die wir schon als Erzfeind der damaligen Ritter von Rhodos kennen gelernt haben. Der türkische Stamm der Osmanen hatte im 14. Jahrhundert den Niedergang des Seldschukenreichs genutzt und die Macht über Kleinasien gewonnen. Der entscheidende Schritt war den Osmanen schließlich 1453 mit der Eroberung Konstantinopels gelungen, das sie als Istanbul zu ihrer Hauptstadt machten.

Und dann war da noch eine dritte Großmacht auf dem Mittelmeer, nicht so mächtig wie die Vorgenannten und ihren historischen Höhepunkt schon hinter sich, aber zur See immer noch ein zu beachtender Faktor: die Republik Venedig. Den Venezianern gehörte ursprünglich eine Vielzahl von Inseln und Küstenstädten im ionischen und im ägäischen Meer, aber seit dem Auftauchen der Osmanen befanden sie sich auf dem Rückzug. In einer Vielzahl kriegerischer Auseinandersetzungen, die wohl mehr den Charakter wechselseitiger Überfälle hatten, mussten sie eine Besitzung nach der anderen abgeben, eroberten ab und an mal etwas zurück, mussten sich aber irgendwann einem Vertrag beugen, um wenigstens das Recht auf freien Handel in den osmanisch gewordenen Gewässern zu behalten. Und weil es immer die Zivilbevölkerung ist, die unter solchen Kriegen leidet, waren auch in der griechischen Inselwelt und den angrenzenden Festlandsküsten große Teile der Bevölkerung gezwungen, zumindest zeitweise ihr Heil in der Flucht zu suchen.

-

Und so tauchten Anfang des 16. Jahrhunderts, wie aus dem Nichts, plötzlich kleine, wendige, den gebräuchlichen Kriegsschiffen dieser Zeit nicht unähnliche Schiffe auf dem Mittelmeer auf, die, vorsichtig zunächst und zurückhaltend, später immer dreister und mutiger werdend, auf See über alles herfielen, was von irgendeinem Wert war. Schiffe, die sowohl mit Segeln für die lange Fahrt als auch mit Rudern für das Manövrieren im Kampf ausgerüstet waren. Schiffe, die im Gegensatz zu den Kriegsschiffen dieser Zeit nicht mit Rudersklaven bemannt waren, sondern mit hochmotivierten Freiwilligen, rechtlosen Vertriebenen, Strandgut der Politik der Großmächte, mit Menschen, die außer ihrem Leben nichts mehr zu verlieren hatten. Dabei hatten diejenigen, die aus der Ägäis stammten, vielleicht das nautische Know-how mitgebracht und die aus Spanien Vertriebenen den aus Wut und Verzweiflung geborenen Kampfeswillen – und ein hohes Maß an Bildung. Begnadete Ärzte, geniale Ingenieure, Philosophen, Juristen, Baumeister, auch gut ausgebildete Soldaten, all das fand sich auf diesen Schiffen zusammen, denn genau diese Leute wollte die Inquisition in ihrer katholischen Welt nicht dulden.

Laut christlicher Geschichtsschreibung waren diese „Seeräuber" (dieses eine Mal seien mir die Anführungszeichen erlaubt) allesamt Anhänger des Islam, oft auch christliche oder jüdische Renegaten, also zum Islam Übergetretene, „Ungläubige" eben. Wenn man nämlich jeden Menschen in eine der Schubladen „Christen", „Juden" oder „Mohammedaner" stecken kann, ist das Aufstellen eines Feindbilds für die eigene Propaganda eben einfacher. Tatsächlich wird in dieser Gesellschaft der Ausgestoßenen die Religion des Einzelnen kaum eine Rolle gespielt haben.

Ihr Rückzugsgebiet war vorwiegend die nordafrikanische Küste, dort wo heute die Länder Tunesien und Algerien liegen, aber auch das damals wenig beachtete Sardinien sowie abgelegene kleine Inseln wie Lampedusa und Pantelleria. Tunis war zunächst eine wichtige Operationsbasis.

Dort, in Tunis, wie vermutlich auch in anderen Küstenstädten geringerer strategischer Bedeutung, war ein richtiger Seeräuberstaat entstanden, mit einer eigenen Verwaltung und Gerichtsbarkeit, mit gewissen demokratischen Grundstrukturen, wenngleich sich oft das „Recht des Stärkeren" durchgesetzt haben dürfte. Es müssen sich Führungspersönlichkeiten herausgebildet haben, vermutlich gegründet auf besondere Erfolge bei Kaperfahrten, aber auch auf eine ordentliche Portion Skrupellosigkeit beim Beseitigen von Rivalen.

-

Da tauchen aus der Masse der Seeräuber zwei Brüder auf. Der Ältere, Horuk, wegen seines roten Vollbarts Barbarossa genannt, macht von sich reden, als er 1504 zwischen Elba und dem italienischen Festland zwei päpstliche Schiffe aufbringt und richtig fette Beute macht. Ein Jahr später gelingt ihm auch noch der Überfall auf einen spanischen Geldtransport. Mit an Bord ist auch sein jüngerer Bruder Chaireddin. Auch der trägt den modischen roten Vollbart und wird den Namen Barbarossa später übernehmen. Beide stammen aus der ägäischen Inselwelt und sind vielleicht Nachkömmlinge albanischer Vertriebener.

Langsam aber stetig nehmen die Flotte und die Macht Horuks zu, weil sich immer mehr Seeräuber seinem Kommando unterstellen. Neben Tunis beherrscht er bald auch große Teile der Insel Djerba und ist jetzt so mächtig, dass er sich auf einen Streit mit den Spaniern um weitere Stützpunkte an der afrikanischen Küste einlassen kann. Dabei muss er allerdings einen bösen Rückschlag hinnehmen: In einer Seeschlacht wird Horuk verwundet, verliert einen Arm und kommt nur knapp mit dem Leben davon. Noch während seiner Genesung, sein kleiner Bruder hat vorübergehend das Kommando übernommen, werden sie in Tunis von einer genuesischen Flotteneinheit angegriffen, mussen sich aus Tunis zurückziehen und verstecken sich erst einmal auf Djerba.

Kommandant der Genueser ist ein gewisser Andrea Doria, und was wir da soeben erlebt haben, war die erste Runde eines auf mehrere Jahre angesetzten Kampfes zwischen den Dorias und den Barbarossas. Und diese erste Runde ging eindeutig an die Dorias.

-

Von da an aber ging es unaufhaltsam weiter aufwärts: Zwei Jahre später setzten sich die Barbarossas wieder an der algerischen Küste fest, Horuk wurde der Titel eines Sultans angetragen, was ihm den Aufstieg in den nordafrikanisch-islamischen Hochadel einbrachte. Er rekrutierte weiterhin große Mengen von Mitstreitern, die ihm der anhaltende Flüchtlingsstrom aus Spanien – die Inquisition wütete unverdrossen weiter – zuspielte und konnte so seine Seestreitkräfte immer noch weiter verstärken. Er „befreite" einige Küstenstädte, teils von den Spaniern, teils von den eingesessenen Fürsten, die er kurzerhand umbrachte.

Der größte Coup gelang ihm im gerade mal spanisch besetzten Algier, wohin ihn der vormalige Herrscher, Scheich Selim, zur Hilfe rief. Auch Scheich Selim überlebte die folgende Auseinandersetzung mit Horuk nicht. Horuk nannte sich jetzt Sultan von Algier und konnte als solcher einen massiven Angriff der Spanier abwehren, zog dann aber ins algerisch-marokkanische Grenzgebiet, ließ sich dort von gelandeten spanischen Truppen den Rückzug abschneiden und kam schließlich in einer wohl aussichtslosen Schlacht im Frühjahr 1518 ums Leben. Und damit war der Weg frei für den kleinen Bruder, der letztlich der größere sein sollte: Chaireddin Barbarossa, Sultan von Algier.

War Horuk ein großer Kämpfer und sicher auch ein herausragenden Seestratege, so erwies sich jetzt Chaireddin als weitsichtiger Politiker. Er wird wohl erkannt haben, dass sein Reich, auf sich allein gestellt, letztlich nicht gegen die Spanier bestehen konnte. Und so wandte er sich an den Sultan des osmanischen Reichs, zu dieser Zeit Selim I, unterstellte sich und seine Seestreitkräfte dem Osmanen und erhielt im Gegenzug den Titel eines Paschas von Algerien und Verstärkung in Form eines osmanischen Artilleriekontingents.

Solchermaßen mit Macht und der Rückendeckung der Osmanen ausgestattet, konnte Barbarossa – unter diesem Namen war er nun endgültig bekannt und gefürchtet – den weiter andauernden Angriffen durch die Spanier standhalten. Einmal allerdings nur mit Hilfe des Wetters: als die Spanier Algier erneut mit einer großen Flotte angriffen und die Lage Barbarossas ziemlich aussichtslos erschien, warf ein plötzlich aufzuziehender Nordsturm die spanische Flotte mitten während des Landeunternehmens an die Küste. Das Unternehmen geriet zum Desaster, und die spanische Flotte, oder das Wenige, was davon noch übrig war, musste wieder abziehen.

Lassen wir jetzt den Pascha Barbarossa von Algerien eine Zeit lang sein Leben genießen. Genau das, so sagt die Legende, hat er nämlich ausgiebig und gerne getan. Er soll einen umfangreichen Harem unterhalten haben, überwiegend mit erbeuteten Italienerinnen, und er soll auch dem Wein zugetan gewesen sein, was uns erneut an seiner islamischen Frömmigkeit zweifeln lässt. Wenden wir uns stattdessen wieder der Geschichte des osmanischen Reichs zu, an der, wie wir noch sehen werden, unser Barbarossa noch einen bedeutenden Anteil haben wird.

Zuletzt haben wir dort den „Istanbul!" rufenden Sultan Mehmet II erlebt, als er 1453 die byzantinische Kaiserstadt Konstantinopel erobert hatte. Istanbul wurde Regierungssitz und von dort aus unternahm das osmanische Reich nun Vorstöße in alle Richtungen. Zu seiner größten Machtentfaltung kam das osmanische Reich unter seinem Sultan Suleiman dem Prächtigen, der 1520 im Alter von 18 Jahren auf den Thron in Istanbul kam und sein Land bis zu seinem Tod 1566 regieren sollte.

Suleiman der Prächtige machte sich 1522 daran, die Ritter von Rhodos von dieser Insel zu vertreiben. Dort auf Rhodos hatte sich nach dem Ende der Kreuzzüge der Johanniterorden niedergelassen und Rhodos zu einer mächtigen Festung ausgebaut. Schon einmal, 1480, hatten die Osmanen einen Angriff auf diesen Störenfried direkt vor ihrer Haustür gestartet, waren aber gescheitert. Jetzt endlich, unter der Führung des jungen Suleiman, führte die Belagerung nach 5 Monaten zum Erfolg und am 1. Januar 1523 bestiegen die Ritter unter der Führung ihres Großmeisters Philippe Villiers de l'Isle Adam mit all ihrem Hab und Gut ihre verbleibenden Schiffe und segelten ab.

Sie segelten zunächst nach Italien, antichambrierten beim Papst und beim Kaiser und bekamen schließlich die maltesische Inselgruppe als neue Heimat zugewiesen, die sie 1530 in Besitz nahmen.

Aber auch Kaiser Karl war in dieser Zeit nicht untätig geblieben. Aufgeschreckt durch die ständige „Türkengefahr", die seiner Hauptstadt Wien allzu nahe gekommen war, besann er sich auf seine spanischen Seestreitkräfte. Und es gelang ihm, den damals wohl fähigsten Admiral für sich zu gewinnen, den Genueser Andrea Doria, den wir ja schon von seinen Kämpfen mit den nordafrikanischen Seeräubern kennen. Doria wurde oberster Befehlshaber der kaiserlichen Flotte, führte diese in die Ägäis und schickte sich an, die früher den Venezianern gehörenden Inseln zurück zu erobern.

Suleiman musste erkennen, dass er zwar über unschlagbare Landstreitkräfte verfügte, seine Seestreitkräfte aber im Verlauf der hundert Jahre, in denen die Osmanen nun Krieg zur See führten, in ihrer Entwicklung zurück geblieben waren. Alle großen und wichtigen Eroberungen der Osmanen, wenn wir einmal von der Eroberung von Rhodos absehen, waren zu Land erfolgt. Das osmanische Reich brauchte eine adäquate Seemacht.

Da besann sich Suleiman eines Verbündeten, der über eine schlagkräftige Flotte und vor allem über ein beachtliches Know-how in der Seekriegsführung verfügte: Pascha Chaireddin Barbarossa, Herrscher über Algerien und ehemaliger Seeräuber. Barbarossa schaltete und waltete in Algerien und dem Meer davor zwar nach Gutdünken, war formal aber Untertan des osmanischen Sultans. Suleiman rief Barbarossa zu sich an den Hof nach Istanbul, machte ihn zum Oberbefehlshaber aller osmanischen Seestreitkräfte und versah ihn mit dem Auftrag, eben diese Seestreitkräfte zu reorganisieren.

Barbarossa machte sich unverzüglich ans Werk. Mit Geld und Vollmachten ausgestattet, entfaltete er schon im Winter 1532/1533 eine enorme Schiffsbautätigkeit, und am Ende dieses Winters besaß das osmanische Reich die bisher größte Flotte seiner Geschichte, die zudem unter dem Kommando eines genialen und bewährten Admirals stand.

-

Was nun folgte, war ein jahrelanger Seekrieg mit durchaus wechselndem Kriegsglück. Barbarossa nahm Tunis, musste es aber wieder aufgeben. Karl V war selbst dabei, als seine Flotte Algier angriff und einmal mehr am Wetter scheiterte. Beide Seiten plünderten, was das Zeug hielt, wobei Barbarossa als gelernter Seeräuber wohl der Erfolgreichere war. Gegnerische Schiffe, ob nun Handelsschiffe oder Kriegsschiffe, wurden aufgebracht und geentert, die Überlebenden zu Rudersklaven gemacht und bei passender Gelegenheit wieder zurück verkauft. Hierbei taten sich auch die Schiffe des Johanniterordens hervor, die auf genau diese Art der Kriegführung spezialisiert waren und mit den Osmanen ja noch ein Hühnchen zu rupfen hatten.

Zweimal griff auch Frankreich in das Geschehen ein, bemerkenswerter Weise als Verbündeter der Osmanen. Die gerne zitierte Vereinfachung, dieser Krieg sei ein Krieg zwischen Christentum und Islam gewesen, ist damit hinfällig. Das erste französische Eingreifen, ein Einfall nach Norditalien, band die kaiserliche Macht immerhin so weit, dass die Osmanen mit Hilfe von Barbarossas Schiffen eine Landstreitkraft über die Adria nach Süditalien übersetzen und dort erhebliche Verwüstung anrichten konnten, bevor sie sich wieder zurückziehen mussten, weil auch die Franzosen auf dem Rückmarsch waren.

Zu einer direkten Konfrontation der beiden Flotten ist es lange Zeit nicht gekommen. Die erste Begegnung fand 1538 bei dem Städtchen Prevesa statt und ist deshalb als Seeschlacht von Prevesa in die Geschichte eingegangen, obwohl es überhaupt keine richtige Seeschlacht war. Die kaiserliche Armada unter Andrea Doria war verstärkt durch Venezianer, die Morgenluft gewittert hatten und auch in den Krieg eingetreten waren, durch die üblichen Genueser Schiffe, eine kleine päpstliche Flotte und natürlich auch durch die allgegenwärtigen Johanniter.

Die Beschreibungen der Ereignisse vor Prevesa gehen auseinander, aber es muss wohl so gewesen sein, dass Andrea Doria seine Flotte durch ein ungeschicktes Manöver in eine gewisse Unordnung gebracht hat und Barbarossa, die Situation für sich nutzend, mit seiner hinsichtlich Anzahl und Bewaffnung unterlegenen Flotte höchst diszipliniert dazwischen fuhr. Die kaiserlichen Schiffe suchten ihr Heil in der Flucht und haben wohl keine allzu großen Verluste hinnehmen müssen. Aber als Sieger der „Schlacht" konnte Barbarossa diese Runde für sich verbuchen, im Kampf Doria gegen Barbarossa stand es jetzt unentschieden und Barbarossa galt als haushoher Favorit der Auseinandersetzung.

Nach Prevesa ging das bekannte Katz- und Maus Spiel von Plünderung, Kaperung, Eroberung und Rückeroberung weiter. Erfolge und Rückschläge hielten sich auf beiden Seiten die Waage, und wer weiß, wie die Geschichte verlaufen wäre, wenn der Zweikampf Doria-Barbarossa zu Ende gekämpft worden wäre. Chaireddin Barbarossa aber starb 1546 in Istanbul, wo sein Grabmal im Vorort Beschiktasch bis heute an diesen großen Seemann erinnert, der vom heimat- und rechtlosen Seeräuber zum Sultan von Algier und Tunis aufgestiegen ist und schließlich zum obersten Befehlshaber der osmanischen Seestreitkräfte und (beinahe) zum Beherrscher des Mittelmeers.

Kurz nach Barbarossas Tod schlossen Osmanen und Habsburger einen fünfjährigen Waffenstillstand, dessen Bedingungen weitgehend von Suleiman diktiert werden konnten.

Barbarossa hatte zu seinen Lebzeiten einige besonders fähige und disziplinierte Kapitäne in führende Positionen seiner Streitkräfte gebracht. Allen voran waren das Dragut (türkisch Torgud) Rais und Sinan Pascha, die jetzt sein Erbe antraten. Sinan wurde Barbarossas Nachfolger als Großadmiral des Sultans, liebte wohl das höfische Leben und hat sich mehr in Istanbul als zur See aufgehalten.

Der neue Stern über dem Mittelmeer aber hieß Dragut, der das afrikanische Erbe des Barbarossa angetreten hatte und der das Plündern und den Kampf gegen die Spanier an allen Küsten des westlichen Mittelmeers mir großem Elan fortführte. Auch Dragut stammte irgendwo aus der Ägäis oder dem südlichen Anatolien. Er war irgendwann im Verlauf seiner Karriere in Gefangenschaft geraten und hatte das zweifelhafte Vergnügen gehabt, etwa zwei Jahre als Rudersklave auf einer genuesischen Galeere zu fahren. Von dort war er 1544 von Barbarossa freigepresst worden.

Die Situation, die Dragut bei seinem „Dienstantritt" vorfand, lässt sich in kurzen Worten wie folgt beschreiben: Das östliche Mittelmeer war fest in der Hand der Osmanen. Allenfalls die fleißig kapernden Johanniter störten dort. Im westlichen Mittelmeer stand die Partie zwischen Osmanen und Habsburgern nach wie vor unentschieden. Die Trennlinie zwischen Ost und West war scharf gezeichnet und verlief von Tripolis über Malta und Gozo nach Sizilien. Und in Malta, Gozo und Tripolis saßen die Johanniter. Wollten die Osmanen, und mit ihnen Dragut, die endgültige Vorherrschaft auf dem gesamten Mittelmeer erreichen, mussten die Johanniter beseitigt werden. Und genau das, die Beseitigung des Johanniterordens, war fortan Draguts strategisches Ziel.

Die Johanniter, von Karl V im Lehenvertrag von Castelfranco im Jahre 1530 mit Malta, Gozo und Tripolis belehnt, hatten sich in Malta eingerichtet, waren aber mit dieser Wahl ganz und gar nicht zufrieden. Sie hofften nach wie vor, in einer attraktiveren Gegend angesiedelt zu werden – Sizilien oder Süditalien hätten sie passend gefunden. Sogar die

Rückeroberung von Rhodos wurde erwogen, konnte aber wegen der osmanischen Übermacht nicht in Angriff genommen werden.

Der Orden machte den Ort Birgu auf einer Halbinsel im großen Hafen von Malta und vor allem das Fort St. Angelo auf der Spitze dieser Halbinsel zu seinem vorübergehenden Hauptquartier und die Bucht hinter Birgu zu seinem Haupthafen und Ausgangsbasis für seine Seeoperationen. In Birgu schufen die Ritter sich Unterkünfte, indem sie Wohnhäuser requirierten, allerdings auch einige Neue bauten. Die Hauptstadt Mdina bezogen sie gar nicht erst, denn alles sollte ja nur ein Provisorium sein.

Gozo und Tripolis hatten jeweils eine Festung, die allerdings beide in einem beklagenswerten Zustand waren und vor allem nicht dem aktuellen Stand der Technik entsprachen. Zumindest die Zitadelle von Gozo war eine klassische mittelalterliche, von einer ovalen Mauer umgebene Fluchtburg ohne Bastionen und ohne Verstärkung der Mauer, wie sie zur Abwehr der mittlerweile in Mode gekommenen Kanonenkugeln erforderlich gewesen wären. Auch die Besatzungen der Festungen von Gozo und Tripolis waren unzureichend, weil fähige und ehrgeizige Ritter sich schlichtweg weigerten, dort Dienst zu tun.

Die Insel Gozo wurde nicht verteidigt, auch nicht von den neuen Herren, den Rittern des Johanniterordens. Das strategische Konzept der ansonsten schutzlosen Bevölkerung war es vielmehr, sich im Ernstfall in die Zitadelle zurückzuziehen. Zum Schutz der Bevölkerung war es sogar vorgeschrieben, die Nacht in der Festung zu verbringen. Dörfer gab es noch nicht, wohl aber einzelne verstreut liegende kleine Bauernhöfe und Schutzhütten, Ställe und Scheunen, denn die Einwohner Gozos lebten überwiegend von der Landwirtschaft.

All dies, und die Tatsache, dass Gozo eine für hiesige Verhältnisse äußerst wasserreiche Insel ist, machte Gozo zu einem beliebten Ausflugsziel für alle Arten von Schiffen. Hier konnte man bei ruhigem Sommerwetter vor Anker gehen und sich mit Frischwasser versorgen. Und wenn man sich als Seeräuber etwas mehr Zeit nahm, konnte man sich auch gleich noch ein bisschen Proviant klauen oder sogar einen jungen, kräftigen Gozitaner einfangen und damit seinen Vorrat an Rudersklaven ergänzen.

Viele der in Gozo bekannten Legenden ranken sich um solche Seeräuberüberfälle, so etwa die eines Seeräubers namens Abdul. Dieser Abdul war während eines Streifzugs über die Insel in ein Loch gefallen und von seinen Kameraden zurück gelassen worden, was darauf schließen lässt, dass man irgendwo einen versteckten Weinkeller gefunden hatte. Versteckte Einwohner hatten die Szene beobachtet und, als die Anderen abgezogen waren, umstellten mit Knüppeln bewaffnet das Loch mit dem unglücklichen Abdul. Wann immer dieser nun versuchte, aus dem Loch zu klettern, wurde er mit den Knüppeln zurückgetrieben, bis er nach einigen Tagen elend sein Leben aushauchte. In seiner Verzweiflung hat er davor mit den Fingern in seiner Grube nach Wasser gegraben, und siehe da, als die Einheimischen seine Leiche bargen, sprudelte an dieser Stelle frisches Wasser hervor. Man hatte eine der ergiebigsten Quellen Gozos freigelegt, die noch heute den Namen „Ghajn Abdul" (Quelle des Abdul) trägt.

Ebenso in diese Zeit passt die Legende um die Kapelle St. Dimitri im äußersten Nordwesten der Insel. Dort in der Nähe bewirtschaftete eine alte Bauersfrau namens Sgugina zusammen mit ihrem Sohn regelmäßig ihre Grundstücke. Eines Tages musste sie mit ansehen, wie Seeräuber ihren Sohn einfingen und auf ein Schiff verschleppten. Sogleich fiel sie in der Kapelle auf die Knie und betete zum heiligen Dimitri, der dort in voller Rüstung auf einem Schimmel dargestellt ist. Sie versprach ihm, bis an ihr Lebensende täglich eine Kerze zu spenden, wenn er nur ihren Sohn (und damit auch sie selbst, denn der Sohn war ihre Alterssicherung) retten würde. Daraufhin löste sich St. Dimitri mitsamt seinem Schimmel aus dem Bild, flog auf diesem hinaus aufs Meer, befreite den Sohn und brachte ihn zurück. Die Frau hielt ihr Versprechen und St. Dimitri ist, wie wir heute noch sehen können, pflichtgemäß in das Altarbild zurückgekehrt.

-

Dragut war keine Legende, sondern bedrohliche Realität für die Gozitaner. Er kam nämlich ziemlich regelmäßig an Gozo vorbei und versorgte sich dabei mit dem Nötigsten. Oberhalb der Nordküste Gozos zwischen Marsalforn und der Bucht von Ramla, am Fuß der senkrecht abfallenden Felsen, gibt es eine kleine Quelle mit dem Namen „Ghajn Barrani" (Quelle des Fremden), weithin erkennbar an den grünen Bambuswiesen. Von dort soll sich Dragut oft mit Frischwasser versorgt haben. Direkt daneben ragt ein einzelner Felsen auf, der weit und breit den einzigen schattigen Platz bietet. Die Legende sagt, dass sich Dragut in diesem Schatten ausgeruht haben soll, weshalb der Felsen bis heute den Namen „il-Gebla ta' Dragut" (Felsen des Dragut) heißt.

Bei einem von Draguts Überfällen auf Gozo, bei dem er mit seinen Leuten sogar die Zitadelle kurz belagert hat, ist sein Bruder ums Leben gekommen, weshalb er auf die Gozitaner einen ganz besonderen persönlichen Hass gehabt haben soll, zumal der Kommandant der Zitadelle sich geweigert hat, den Leichnam des Bruders auszuliefern und diesen dann sogar verbrannt haben soll – eine ganz besondere Schmach für einen Moslem.

Strategisch dienten Draguts Überfälle auf Gozo, auch in Malta ist er des Öfteren gelandet, der militärischen Aufklärung. Zur Vorbereitung seiner langfristig geplanten Vertreibung der Johanniter musste er die Inseln erkunden und vor allem über Art und Stärke der Verteidigungsanlagen Bescheid wissen. Schließlich gelang es ihm, seinen Freund und Kampfgenossen Sinan zu überreden, einen umfassenden militärischen Schlag gegen die Johanniter zu führen. Und so fuhr, am 18. Juli 1551, eine osmanische Flotte mit etwa 100 Schiffen und 10.000 Soldaten an Bord in die Hafenbucht von Marsamxett ein und landete dort unbehelligt, nur wenige Kilometer vom Hauptquartier des Johanniterordens entfernt.

Der Großmeister, damals ein Spanier namens Juan de Homedes, schickte den Osmanen ein Reiterkontingent unter dem englischen Ritter Sir Nicholas Upton entgegen, um ihnen den Weg zum großen Hafen und nach Birgu zu verstellen. Zu einer Schlacht ist es dabei offensichtlich nicht gekommen, denn es gab nur einen Toten, nämlich Sir Nicholas selbst, den in der großen Hitze in seiner Rüstung der Schlag traf.

Sollten Dragut und Sinan den Plan gehabt haben, Birgu anzugreifen, so gaben sie den jetzt auf und wandten sich, nach wie vor unbehelligt, dem Landesinneren und der Hauptstadt Mdina zu. Dort angekommen, begannen sie die mit geflüchteten Einwohnern hoffnungslos überfüllte Festung zu beschießen. Diese Festung, auch sie unmodern und in einem schlechten Zustand, hätte eigentlich den Osmanen nicht lange standhalten können. Trotzdem gaben die Belagerer nach wenigen Tagen auf und zogen sich in die St. Pauls Bucht zurück, wohin ihre Flotte inzwischen gebracht worden war, bestiegen die Schiffe wieder und segelten ab.

Der wirkliche Grund, warum Dragut und Sinan die an sich aussichts-reiche Belagerung von Mdina abbrachen, ist mir nicht bekannt. Es gibt allerdings zwei unterschiedliche Legenden, die jeweils einen möglichen Grund für den Abzug liefern. Nach der einen Legende haben die in der Festung Eingeschlossenen die Hilfe Gottes erfleht und zu diesem Zweck eine Prozession an der Festungsmauer entlang abgehalten. Die Osmanen sollen die große Menschenansammlung auf der Mauer für bewaffnete Soldaten gehalten haben und angesichts dieser ungeheuren Streitmacht die Einnahme der Stadt als aussichtslos aufgegeben haben.

Die andere Legende, die der Wahrheit vielleicht etwas näher kommt, sagt aus, dass der Vizekönig von Sizilien, als er von der Invasion er-fahren hatte, ein Schiff nach Malta geschickt haben soll mit der fingierten Nachricht, die habsburgische Flotte sei auf dem Weg nach Malta und würde in wenigen Tagen dort eintreffen. Gleichzeitig habe er dafür gesorgt, dass diese Nachricht den Osmanen in die Hände fiel. Dragut soll sich demnach aus Furcht vor der gegnerischen Flotte zurückgezogen haben.

-

Warum auch immer Dragut sich aus Malta zurückgezogen hat, jetzt taucht er vor Gozo auf und landet dort mit seinen Truppen. Vermutlich lässt er einen Großteil seiner Streitmacht auf den Schiffen zurück, denn einerseits rechnet er vielleicht wirklich mit einem möglichen Eintreffen der Habsburger, und andererseits braucht es keine 10.000 Soldaten, um eine Insel mit einer Gesamtbevölkerung von etwa 6.000 Menschen zu erobern.

Die Gozitaner, wie gehabt, haben sich in die Zitadelle zurückgezogen und hoffen, dass Dragut, wie schon früher, unverrichteter Dinge, allen-falls mit der üblichen Beute, wieder abzieht. Aber das geschieht diesmal nicht: Dragut belagert vielmehr die Zitadelle und rückt mit Kanonen an. Alles deutet darauf hin, dass er es diesmal ernst meint.

Jetzt rächen sich die Versäumnisse der Johanniter bei der Ausstattung der Zitadelle bitter, wobei einmal mehr nicht die Verantwortlichen, sondern die wehrlosen Gozitaner die Leidtragenden sind. Eine einzige Kanone besitzt die Festung, und die kann nur bedient werden von einem einzigen Kanonier. Der aber kommt gleich zu Beginn der Belagerung durch eine verirrte Kugel ums Leben, so dass auch diese eine Kanone nie zum Einsatz kommt.

Kommandeur der Zitadelle ist ein Ritter des Johanniterordens. Seit die Johanniter die Herren über Gozo sind, entsenden sie aus ihrer Mitte einen Ritter als Gouverneur nach Gozo, und dieser Posten ist so unbeliebt, dass er wohl eher einer Strafversetzung gleichkommt. So ist es denn zu erklären, dass dieser Kommandeur, ein Ritter namens Galatian de Sesse, unverzüglich bei Dragut nachfragen lässt, wie denn die Bedingungen für eine kampflose Übergabe der Zitadelle seien. Die Osmanen aber lehnen angesichts der schwachen Festung und der offensichtlich schwachen Verteidigung Verhandlungen ab. „Mit Feiglingen verhandelt man nicht", soll Dragut gesagt haben.

Nach zwei Tagen ist die Zitadelle sturmreif, und die Insassen müssen das gewusst haben. In der Nacht vor dem Sturm erinnern sich einige Gozitaner an eine Fluchtpforte, die heute noch in der mittelalterlichen Nordmauer, knapp oberhalb des gewachsenen Felsens zu sehen ist. Der Fluchtweg wird freigestemmt und 300 Einwohnern gelingt im Schutze der Dunkelheit die Flucht aus der Festung. Vermutlich haben sie sich irgendwo in den zahlreichen Höhlen der Insel versteckt und den Abzug der Osmanen abgewartet.

Noch eine Geschichte ereignet sich in dieser Nacht vor dem Sturm, die Einzug in die Legenden Gozos gefunden hat: Ein sizilianischer Söldner namens Bernardo de Opuo, der als Mitglied der Besatzungstruppe in der Zitadelle lebt, erkennt die Aussichtslosigkeit der Situation. In den frühen Morgenstunden begibt er sich zur Unterkunft seiner Familie, seiner Frau und seiner beiden Töchter, nimmt Abschied von ihnen und erschlägt alle drei mit seinem Schwert. Auf diese Weise verhindert er, dass sie dem Feind in die Hände fallen, was er offensichtlich für ein schlimmeres Schicksal hält als einen schnellen Tod. Danach, als es hell wird, kämpft er wieder mit den anderen Verteidigern zusammen und kommt dabei ums Leben. Die Zitadelle wird erstürmt.

Was nun folgt, ist die systematische Entvölkerung Gozos. Jeden, der zumindest noch gehen kann, schleppen die Osmanen auf ihre Schiffe. Alte und Gebrechliche werden erschlagen oder achtlos zurückgelassen. Darüber hinaus legen die Eroberer Feuer in der Zitadelle und den Häusern der angrenzenden Ortschaft Rabat.

Nach der Verwüstung Gozos zogen die Osmanen, um mindesten 5.000 Sklaven reicher, weiter nach Tripolis und vertrieben auch dort die Johanniter in kürzester Zeit. Das Schicksal der gozitanischen Sklaven ist ungewiss und vermutlich auch individuell verschieden. Ein Teil der Gozitaner soll in Nordafrika angesiedelt worden sein, vermutlich derjenige Teil, der zu alt oder zu schwach war, um auf dem Sklavenmarkt in Istanbul genügend einzubringen. Jedenfalls wird behauptet, dass in dem libyschen Ort Tarhuna, 80 km südwestlich von Tripolis, bis heute Nachfahren der Gozitaner leben und dort an ihren Sitten und an ihrem Dialekt zu erkennen sein sollen.

Das Gros der gozitanischen Gefangenen jedoch wurde nach Istanbul gebracht, um dort auf dem Sklavenmarkt verkauft zu werden. Einige Glückliche kamen auch bald wieder zurück, weil sie wohlhabende Verwandte in Malta oder Sizilien hatten, die mit Istanbul Kontakt aufnehmen und satte Lösegelder bezahlen konnten. Einigen soll auch die Flucht geglückt sein.

So tief der Einschnitt in die gozitanische Geschichte auch war, begann die Situation sich doch wieder zu normalisieren. Drei Jahre später konnte die Matrice, die gozitanische Mutterkirche in der Zitadelle, wieder geweiht werden. Verwaistes Land wurde wieder in Besitz genommen, teilweise von Verwandten der ursprünglichen Besitzer, die zuvor mangels Existenzgrundlagen nach Malta ausgewandert waren. Auch verpachtete der Johanniterorden, der größter Landbesitzer auf Gozo war, verlassenes Land neu, und zwar an Malteser, die willens waren, in Gozo eine neue Existenz aufzubauen. Und wer nach Gozo auswanderte, konnte eine vom Orden verfügte zeitweise Steuererleichterung in Anspruch nehmen. Die damit einher gehende Änderung der Bevölkerungsstruktur lässt sich zweifelsfrei nachweisen an Hand von Namen in verschiedenen Registern: Vorher für Gozo typische Familiennamen verschwanden ganz, und maltesische Familiennamen tauchten jetzt plötzlich in Gozo auf.

Dieser Prozess der Neubesiedlung Gozos hatte einen an Hand von Gerichtsakten nachweisbaren Effekt: kehrte nämlich ein Verschleppter nach langer Zeit zurück, fand er in vielen Fällen sein Land in fremden Händen vor. War es gepachtetes Land, so konnte er hoffen, anderes Land zu pachten. War es aber ursprünglich eigenes Land, das mittlerweile in andere Hände übergegangen war, so blieb nur der Gang vor das Gericht. Und die Gerichtsprozesse, bei denen es um solche Landbesitz-Streitigkeiten ging, waren so zahlreich, dass die Regierung hierfür ein eigenes Gericht in Gozo etablierte, das immerhin fünfzig Jahre lang existiert haben soll.

Erst etwa einhundert Jahre nach der Entvölkerung von 1551 hat Gozo seine frühere Einwohnerzahl von ungefähr 6.000 wieder erreicht.

-

Der Johanniterorden hat aus der Katastrophe gelernt. Zumindest musste auch sein Großmeister de Homedes, ein ziemlich unbelehrbarer Sturkopf, jetzt endlich zur Kenntnis nehmen, dass Malta unmittelbares strategisches Ziel der Osmanen war. Bisher hatte er das nämlich schlicht abgestritten, obwohl sein eigener Geheimdienst ihm genau diese Information mehrfach geliefert hatte. Ritter, die öffentlich von der „türkischen Gefahr" gesprochen hatten, waren gerügt und des Verrats und des Ungehorsams bezichtigt worden.

Auch die ablehnende Haltung der Johanniter, die bisher Malta nur als Provisorium gesehen hatten, wurde jetzt schlagartig aufgegeben, und eine hektische Bautätigkeit setzte ein. Das Fort St. Elmo auf der Spitze der Halbinsel Sciberras wurde in kürzester Zeit entworfen und gebaut. St. Angelo wurde verstärkt und auf der gegenüberliegenden Halbinsel, wo später der Ort Senglea gebaut wurde, wurde das Fort St. Michael errichtet. So rüstete man von 1551 an zielstrebig auf den großen Angriff der Türken auf Malta hin und wurde damit gerade rechtzeitig fertig. Dieser große Angriff erfolgte nämlich 1565 und ging als „große Belagerung Maltas" in die Geschichte ein. Nicht zuletzt dank der umfangreichen Befestigung des großen Hafens gelang es den Johannitern, diese große Belagerung siegreich zu überstehen und damit endgültig das weitere Vordringen der Osmanen nach Westen zu verhindern.

Dragut hat nach 1551 weiter konsequent auf die Vernichtung des Johanniterordens hingearbeitet und wird vermutlich Suleiman den Prächtigen zu einem Angriff auf Malta gedrängt haben. Er wird sicher die Vorbereitungen der Johanniter beobachtet und gewusst haben, dass die Zeit gegen ihn arbeitete. An der großen Belagerung hat er in führender Position teilgenommen und wurde bei der Belagerung von St. Elmo von einem durch einen Kanonenschuss hochgeschleuderten Stein tödlich am Kopf getroffen. Er lebte noch wenige Tage und hat sterbend die Nachricht vom Fall St. Elmos erhalten.

Das Scheitern der großen Belagerung hat Dragut Rais nicht mehr erlebt.

La Nazione Gozitana

Gozo ist nicht Malta, das wissen wir schon. Und wir wissen auch, dass es heutzutage zwar keine echte Unabhängigkeitsbestrebung gibt, wohl aber eine deutliche Distanzierung von Malta, womit in diesem Fall die große Schwesterinsel gemeint ist.

So ist es denn nahe liegend, bei der Beschäftigung mit der Geschichte Gozos vor allem nach Ereignissen und Epochen zu suchen, wo die Geschichte in Gozo anders verlief als in Malta. Solche Ereignisse und Epochen gibt es zum Glück, mehr oder minder bedeutend und mehr oder minder lang anhaltend.

Die bedeutendste dieser Epochen, zumindest aus der Sicht gozitanischer Geschichtsschreibung, ist zweifellos die Zeit zwischen dem 10. Juni 1798 und dem 5. September 1800. Die Ereignisse damals gipfelten in der fast 2 Jahre andauernden Existenz eines von Malta unabhängigen gozitanischen Staates, der, wenngleich völkerrechtlich dem König von Sizilien unterstellt, eine weitgehende Selbständigkeit besaß, von einer eigenen, vom Volk gewählten Regierung geführt wurde, ein eigenes Staatssiegel führte und sogar einen Botschafter am Hof von Neapel einsetzte, der sowohl dort als auch am Hof von London anerkannt wurde.

Aber lassen Sie mich die Geschichte von Anfang an erzählen:

Wie wir alle wissen, brach 1789 in Frankreich die Revolution los, deren Beginn die Franzosen bis heute mit ihrem Nationalfeiertag am 14. Juli feiern. In den darauf folgenden Wirren gelang es drei Brüdern aus dem korsischen Kleinadel unter gegenseitiger Hilfestellung bemerkenswerte Karrieren zu machen. Sie stammten aus der Familie der Buonaparte und der letztlich Erfolgreichste, Nabuleone, hatte sich opportunistisch in Napoleon Bonaparte umbenannt und war 1798, als unsere Geschichte begann, Oberbefehlshaber der französischen Streitmächte in Italien. Dort hatte er gerade im Sinne Frankreichs für Ordnung gesorgt.

Eigentlich hätten die Franzosen jetzt gerne England erobert, aber das schien selbst dem erfolgreichen und ehrgeizigen Militär Napoleon zu wenig Erfolg versprechend. Deshalb brachte er die französische Regierung, das fünfköpfige „Direktorium" dazu, ihm den Auftrag zu einem Feldzug nach Ägypten zu erteilen, um dort den britischen Osthandel zu stören. Auf dem Weg dorthin sollte auch Malta erobert und der hier herrschende Johanniterorden vertrieben werden.

-

Gozo zählte zu dieser Zeit knapp 13.000 Einwohner, von denen nahezu 5.000 in dem Hauptort Rabat (heute Victoria) und in der Zitadelle wohnten. Der Rest der Bevölkerung verteilte sich auf die sechs damals existierenden Dörfer Nadur, Xaghra, Gharb, Xewkija, Sannat und Zebbugg.

Regiert wurde Gozo während der Herrschaft des Johanniterordens von einem vom Orden eingesetzten Gouverneur, in diesem Fall von dem aus Frankreich stammenden Ritter Pierre Antoine Charles de Mesgrigny de Ville Bertein. Dieser Posten eines Gouverneurs von Gozo war wohl unter den Johannitern nicht besonders begehrt, weshalb solche Gouverneure meist nicht zu den Besten und Fähigsten des Ordens gehörten. Auch de Mesgrigny machte da keine Ausnahme: als die französischen Truppen mit der Besetzung Gozos begannen, soll er sich umgehend in Zivilkleidung getarnt und versteckt haben.

Die eigentliche Verwaltung Gozos lag in den Händen der „Universita", einer aus vier gewählten Räten („Jurats") bestehenden Gruppe. Vorsitzender der Universita war um diese Zeit der Rechtsanwalt Pietro Paolo Grongo.

-

Der Angriff der Franzosen auf Gozo und Malta kam nicht überraschend. Man hatte die revolutionären Wirren in Frankreich natürlich auch hier, teils mit Interesse, teils mit Argwohn, beobachtet. Revolutionäres Gedankengut war auch hier eingedrungen, zumal der überwiegende Teil der Mitglieder des Johanniterordens französischer Abstammung war und hauptsächlich aus dem niederen Adel stammte.

Die Universita hatte also durchaus Zeit, sich auf die Verteidigung der Insel vorzubereiten. Nicht, dass man wirklich hoffen konnte, sich gegen eine solch große Streitmacht dauerhaft erfolgreich verteidigen zu können. Aber vielleicht, so hoffte die Führung der Insel, würden die Angreifer Gozo angesichts einer entschlossenen Verteidigung einfach links liegen lassen. Zumindest aber verband man mit einer nennenswerten Verteidigung die Hoffnung auf ehrenhafte Übergabeverhandlungen. So wurde denn die traditionelle Bürgerwehr, die „Dejma", wieder ins Leben und zu den Waffen gerufen, deren Entstehung bis ins Mittelalter zurückreichte und die im Prinzip aus allen wehrfähigen männlichen Einwohnern der Insel bestand.

Die Bewaffnung der Dejma war naturgemäß eher kläglich, zumal jeder Einzelne seine Waffen selbst stellen musste. Über mehr als einen Spieß oder ein Schwert verfügte kaum jemand, eine Muskete war die große Ausnahme. Allerdings besaß Gozo mit der Zitadelle und dem erst kürzlich errichteten Fort Chambray zwei mächtige Festungen; hinzu kam eine Kette von befestigten Wachtürmen, welche die Küste überall dort beschützten, wo sie nicht aufgrund der senkrecht aufragenden Klippen ohnehin unzugänglich ist. Aus späteren Berichten der Franzosen wissen wir, dass insgesamt über 100 Kanonen, einschließlich ausreichender Munition verfügbar waren. Unter ordentlicher militärischer Führung und mit ausgebildeten Soldaten wäre Gozo also auch für die französische Übermacht ein reichlich harter Brocken gewesen.

Um die Hauptinsel Malta kümmerte sich Napoleon selbst. Dort hatte Infiltration, viele französisch stämmige Ritter sympathisierten ja mehr oder weniger offen mit der französischen Revolution, und vor allem Geldmangel die Verteidigungsbereitschaft des Johanniterordens herabgesetzt. Geldmangel deshalb, weil der Orden mit der Säkularisierung in Frankreich einen Großteil seiner Einnahmequellen verloren hatte. Hinzu kam eine eher schwache Führung, denn der letzte und einzige deutsche Großmeister des Ordens, Ferdinand von Hompesch, hatte seine Organisation überhaupt nicht mehr unter Kontrolle, weshalb er auch von der Geschichtsschreibung als unfähig abgestempelt wird. Allerdings bleibt es fraglich, ob ein stärkerer, entschlossenerer Führer des Ordens das Blatt an dieser Stelle noch hätte wenden können.

Letztlich war es dann ein Trick, mit dem Napoleon eindrang: er verlangte, dass seine gesamte Flotte unverzüglich mit Frischwasser zu versorgen sei. Die Statuten des Ordens verboten aber die Anwesenheit von mehr als drei fremden Kriegsschiffen gleichzeitig im Hafen, so dass Hompesch diesen Wunsch zurückweisen musste. Als Napoleon dann unter dem Vorwand, der Orden versage ihm die ihm zustehende Hilfe, trotzdem mit seiner Flotte in den Hafen einfuhr, wehrte sich der Orden nicht dagegen. Auch in diesem Fall berief sich Hompesch auf die Ordensregeln, wonach nämlich die Ritter nicht gegen einen christlichen Feind kämpfen durften.

-

Mit der Eroberung Gozos beauftragte Napoleon seinen General Jean Louis Ebenezer Reynier, dem eines von fünf Kontingenten unterstand, aus denen die Streitmacht insgesamt bestand. Dessen Angriff auf Gozo sollte am Vormittag des 10. Juni 1798 beginnen. Sein Schiff, die Fregatte L'Alceste, lag mit seinem gesamten Geschwader vor dem Küstenabschnitt zwischen dem Ramla Strand und der St. Blas Bucht vor Anker, gerade außerhalb der Schussweite der gozitanischen Kanonen. An ein Manövrieren war allerdings nicht zu denken, denn es war völlig windstill.

Reynier entschloss sich, mit etwa 200 Mann von seinem Schiff auf Barkassen die Anlandung zu beginnen. An diesem Teil der Küste standen zwar keine Kanonen, die nächsten standen am Ramla Strand, der von einer Batterie verteidigt wurde. Dafür war aber das Gelände durchaus ungünstig für die Angreifer. Sie mussten nämlich zunächst über einen steilen Hang auf die Hochebene klettern und wurden bei dieser Gelegenheit von oben beschossen und mit Steinen beworfen. Dort oben stand die Bürgerwehr von Nadur, zu deren Gemeinde dieser Küstenabschnitt gehört.

Während weitere Soldaten auf Barkassen der anderen Schiffe anlandeten und auch zwei Kanonenboote mittlerweile nahe genug waren, um einen gewissen Feuerschutz zu geben, erreichten die ersten Angreifer die Hochebene, woraufhin sich die Leute der Bürgerwehr vernünftiger Weise in ihr Dorf zurückzogen um schließlich mit ihren Familien in den Schutz von Chambray zu flüchten. Die Franzosen, nachdem bald auch die Kanonen am Ramla Strand von den Flüchtenden zurückgelassen worden waren, konnten jetzt mit ihrer vollen Landstreitmacht an Land gehen und setzten sich in drei verschiedenen Zügen ins Landesinnere in Bewegung. Der erste Zug, mit General Reynier an der Spitze, marschierte in Richtung Chambray, der Zweite in Richtung Zitadelle. Der Dritte schließlich kämpfte sich nach Marsalforn durch und besetzte die dortigen Befestigungen.

Vor den Mauern von Chambray angekommen, forderte Reynier die Besatzung und den Großteil der dort hin geflüchteten Nadurer zur Kapitulation auf. Er wartete aber die Antwort gar nicht erst ab, sondern ließ seine Leute als Belagerung zurück und setzte sich an die Spitze des Zuges, der auf dem Weg nach Rabat und zur Zitadelle war. Chambray kapitulierte noch am selben Abend. Als man aber die Franzosen hereinlassen wollte, klemmte der Mechanismus der Zugbrücke. Aus Furcht, die Belagerer könnten dies als üble Kriegslist missverstehen, hieb man flugs die Seile durch. Tote hat es bei dieser kurzen Belagerung offensichtlich nicht gegeben.

In Rabat wurden Reynier und seine Truppe schon von den Mitgliedern der Universita erwartet, die ihm bereitwillig die Schlüssel der Stadt und der Festung aushändigten. Sie hatten wohl erkannt, dass eine Verteidigung sinnlos geworden war. Damit war der militärische Teil der Invasion, die Franzosen nannten ihn die „Befreiung" Gozos, innerhalb von wenigen Stunden abgeschlossen.

Unser Ritter Mesgrigny, ebenso wie drei weitere Ritter des Ordens, die sich zufällig gerade auf Gozo aufgehalten hatten, wurde später in Zivilkleidung aufgegriffen und festgesetzt. Einige Tage später, Napoleon hatte inzwischen den Orden in Malta für aufgelöst erklärt, wurden Mesgrigny und seine Kollegen wegen Bedeutungslosigkeit kurzerhand freigelassen.

Immer wieder beteuerte Reynier in den nächsten Tagen, Rechte und Besitz der Gozitaner zu achten – und tat genau das Gegenteil. Als er sich mit seinen Truppen sechs Tage später wieder einschiffte, hatten diese Alles, was essbar, trinkbar, brennbar oder sonstwie für den weiteren Feldzug verwertbar war, auf ihre Schiffe verfrachtet.

-

Reyniers Invasionstruppe wurde von einem etwa 300 Mann starken Besatzungskontingent aus Malta ersetzt, unter dem Oberbefehl von Oberstleutnant Jean-Baptiste Lockey. Lockey führte die Strategie seines Vorgängers Reynier nahtlos fort, indem er wohlklingende Verlautbarungen herausgab („Bürger [von Gozo], Ihr seid jetzt Franzosen und erfreut Euch Eures Wohlergehens und Eurer Freiheit..."). Gleichzeitig klaute er alle Kirchenschätze, derer er habhaft werden konnte und folgte damit dem Vorbild seiner Kollegen auf Malta.

Aber nicht genug damit, dass die Franzosen die Kirchen und Klöster in Gozo und Malta gründlich ausplünderten. Um an das Bare der Einwohner heranzukommen, kamen sie auf die perfide Idee, Kultgegenstände an die machtlos zusehenden Einwohner zu versteigern. Am 2. September, anlässlich einer solchen Versteigerung im maltesischen Mdina, kam es zu einem spontanen Aufstand der Bevölkerung, der sich rasch über Malta und innerhalb von Stunden auch nach Gozo ausbreitete.

Die französischen Besatzer auf Gozo, die sich immerhin einer zehnfachen Übermacht an wehrfähigen, wenngleich unzureichend bewaffneten wütenden Männern gegenüber sah, igelte sich vorsichtshalber in den beiden Festungen und in den Wachtürmen ein, was wiederum den Gozitanern Mut machte, eine Art Belagerung zu organisieren.

Die Wachtürme, kaum mit Munition und Nahrung versehen, wurden bald aufgegeben. Ihre Mannschaften brachen, teils nach mehrtägiger Belagerung, aus und schlugen sich zur Zitadelle oder nach Chambray durch. Vermutlich wurden bei dieser Gelegenheit auch einige Franzosen gefangen genommen oder erschlagen.

Zu diesem Zeitpunkt haben die Gozitaner endlich einmal ihr Schicksal beherzt in die eigene Hand genommen. Bereits zwei Tage nach Beginn des Aufstands konstituierte sich eine Gruppe von vier entschlossenen Männern zu einer Kommission zur Verwaltung von Gozo. Sie griffen damit die Tradition der alten Universita auf, zu diesem Zeitpunkt allerdings ohne von der Bevölkerung gewählt zu sein. Aus ihrer Mitte wählten sie den Pfarrer der Maria geweihten Kirche in der Zitadelle, Saver Cassar, zu ihrem Vorsitzenden. Saver Cassar war, und das macht seine Wahl nachvollziehbar, als Herr der „Matrice", der Mutter aller Kirchen Gozos, schlicht der ranghöchste Geistliche Gozos und damit so etwas wie das geistliche Oberhaupt aller Gozitaner. Die drei übrigen Mitglieder der selbst ernannten Kommission waren der Arzt Salvatore Fenech, der Rechtsanwalt Giuseppe Grima und der Kaufmann Martino Hasciach.

Die Kommission nahm die erforderlichen Regierungsgeschäfte in die Hand und organisiert zunächst die Belagerungen der beiden Festungen. Dabei griff sie auf die Organisationsstruktur der Dejma zurück, die seit dem 11. Juni geschlummert hatte, jetzt aber wieder zum Leben erweckt wurde.

Darüber hinaus vollzog Cassar einen völkerrechtlich bemerkenswerten Schritt: in Kenntnis des Lehenvertrags, des Vertrag von Castelfranco vom 24. März 1530 zwischen Kaiser Karl V und dem Johanniterorden, sah Cassar im König von Neapel den legitimen Herrn der Insel Gozo. Dieser Lehenvertrag nämlich legte seinerzeit fest, dass, falls die Johanniter Malta und Gozo aufgeben sollten, die Inseln wieder an den ursprünglichen Herrn, damals den Vizekönig von Sizilien, zurückfallen sollten. Und der König von Neapel war gleichzeitig „König beider Sizilien" und als solcher Rechtsnachfolger des Vizekönigs von Sizilien. Also sandte Cassar eine Botschaft an den König, in der er sich und das Volk von Gozo der Herrschaft des Königs unterstellte und gleichzeitig um Hilfe in Form von Waffen und Lebensmitteln nachsuchte.

Am 18. September schließlich fand auf dem Hauptplatz der Insel, It-Tokk, eine Volksversammlung statt, auf der eine vom Volk legitimierte Regierung eingesetzt wurde. Saver Cassar wurde, wie nicht anders zu erwarten, als Regierungschef bestätigt.

Die Isolation der Franzosen in den beiden Festungen war zunächst erfolgreich. Zwei von Malta her unternommene Befreiungsversuche konnten abgewehrt werden. Allerdings gelang es den Franzosen beim dritten Versuch, in der Nacht vom 16. auf den 17. September, von den Gozitanern unbemerkt die Besatzung von Chambray zu evakuieren. Verärgert über diesen Misserfolg ließ Cassar den Ring um die Zitadelle umso fester schließen.

Trotzdem gelang es den jetzt noch verbleibenden, in der Zitadelle eingeschlossenen Franzosen einmal bei einem Ausfall einige Schafe zu erbeuten, die am Hang unterhalb der Festungsmauern weideten. Per Verordnung verbot Cassar daraufhin das Weiden von Tieren an dieser Stelle.

Ansonsten sahen sich die Beteiligten, die belagernden Gozitaner unter Saver Cassar, wie auch die belagerten Franzosen unter Jean-Baptiste Lockey, einer Patt-Situation gegenüber: weder waren die Belagerer in der Lage, die Festung einzunehmen, noch waren die Belagerten stark genug für einen Ausbruch. Auch aus Malta hatte keine der Parteien eine nennenswerte Hilfe zu erwarten, denn dort hatten ebenfalls Franzosen und Einheimische alle Hände voll zu tun.

Die Entscheidung musste also von außen kommen, und deshalb müssen wir uns jetzt der Situation zuwenden, die mittlerweile außerhalb Gozos entstanden war.

-

Wo war Napoleon? Von Malta aus hatte er seine Streitmacht am 20. Juni Richtung Ägypten geführt und dort, in der Seeschlacht von Aboukir, eine vernichtende Niederlage erlitten. Er selbst war auf seinem Flaggschiff, der L'Orient entkommen und eiligst nach Toulon zurück gesegelt, um den politischen Schaden seiner Niederlage möglichst gering zu halten. Wie wir wissen, ist ihm das auch gelungen, und er hat später in Europa noch viel bewegt. Auf die Geschichte Gozos hat er keinen unmittelbaren Einfluss mehr genommen, so dass wir ihn jetzt aus unserer Aufmerksamkeit entlassen können.

Uneingeschränkter Herr über das Mittelmeer war jetzt der Sieger von Aboukir, der geniale britische Konteradmiral Sir Horatio Nelson, im Klatsch der damaligen Zeit eher bekannt als der Liebhaber der Ehefrau des britischen Botschafters am Hof von Neapel, Sir Hamilton. Diese berühmte Liebesgeschichte fand statt vor der schillernden Kulisse des neapolitanischen Hofs, der wiederum überwiegend damit beschäftigt war, sich selbst zu feiern. Damit ist auch verständlich, weshalb der König in Neapel nicht, wie es seine Aufgabe gewesen wäre, wirkungsvoll in Gozo eingegriffen hat. Nelson jedenfalls war offiziell oberster Befehlshaber der britischen Seestreitkräfte im Mittelmeer.

Zurück aus Aboukir und auf dem Heimweg nach Neapel und zu Lady Hamilton erfuhr Nelson vom Aufstand in Gozo und Malta, zeigte sich empört über das Verhalten (besser: über die Untätigkeit) des Königs und bat zunächst den in Messina auf ihn wartenden portugiesischen Konteradmiral Marquis de Niza, auf dessen Flaggschiff Principe Real nach Malta zu segeln und den dortigen Aufständischen zur Hilfe zu kommen. Portugal war zu dieser Zeit mit England gegen Frankreich verbündet.

Vor Gozo angekommen, nahm der Portugiese Kontakt zu Cassar auf und stellte ihm unverzüglich das Notwendigste, nämlich Waffen und Munition, zur Verfügung. Cassar war für ihn das Oberhaupt eines neapolitanischen Teilstaates und als solcher ebenfalls ein Verbündeter.

In Neapel angekommen, schickte Nelson zunächst am 6. Oktober den ihm vertrauten Kapitän Alexander John Ball mit mehreren Schiffen nach Gozo und Malta und schließlich, am 16. Oktober, segelte er selbst von Neapel ab.

Mittlerweile, jeweils nach der Ankunft von de Niza und von Alexander Ball, hatte Cassar die französischen Belagerten zur Kapitulation aufgefordert. Ohne Erfolg: Lockey war nicht zu einem Abzug, auch nicht in allen Ehren, bereit. Erst als Nelson persönlich am 24. Oktober vor der Küste Gozos auftauchte, kam Bewegung in die festgefahrene Situation. Cassar ließ sich an Bord von Nelsons Flaggschiff, der Vanguard, bringen, und die Beiden entwarfen eine Kapitulationserklärung, die den Franzosen vorgelegt werden sollte.

Drei Tage später kam Alexander Ball mit der Kapitulationserklärung an Land, ließ sie den Franzosen überbringen und drohte gleichzeitig mit dem Eingreifen von Nelsons gesamter verfügbarer Streitmacht für den Fall, dass Lockey nicht einwilligen sollte. Jetzt endlich gab Lockey auf und willigte in einen Abzug in allen Ehren ein.

-

Am Sonntag, den 28. Oktober 1798, zogen die Franzosen aus der Zitadelle aus, legten ihre Waffen nieder und nahmen auf dem Platz It-Tokk Aufstellung. Von dort wurden sie auf zwei Schiffe Nelsons und schließlich über Neapel nach Nizza gebracht.

Auf der Zitadelle wurde die französische Flagge eingeholt, die Nelson persönlich dem König von Neapel als Kriegsbeute überbrachte, zusammen mit einer Denkschrift, welche die gozitanische Regierung im Namen des Volkes von Gozo angefertigt hatte. An Stelle der französischen Flagge wurde die Flagge des Königs von Neapel gehisst. Gozo war jetzt eine selbständige Region unter der Krone von Neapel. Saver Cassar nannte sich jetzt „Governatore Generale dell'Isola di Gozo" (Generalgouverneur der Insel Gozo) und „Capo Governante per sua Maestra Re di Napoli" (regierendes Oberhaupt im Namen seiner Majestät, des Königs von Neapel).

Fast zwei Jahre dauerte diese Zeit der Selbständigkeit und relativen Unabhängigkeit, bis zum 5. September 1800. An diesem Tag kapitulierten die Franzosen endlich auch in Malta, allerdings trotz des Protestes von Alexander Ball nicht gegenüber ihm als Beauftragtem des Königs von

Neapel. Ball hatte in der ganzen Zeit den Kampf der Malteser gegen die Franzosen geleitet mit dem Ziel, Malta wie Gozo wieder dem rechtmäßigen Besitzer, dem Königreich Neapel zuzuführen.

Vielmehr erfolgte die Kapitulation Maltas gegenüber Generalmajor Henry Pigot, der im Auftrag der britischen Krone handelte. Nicht die neapolitanische Flagge, sondern die britische wurde über Valletta aufgezogen und Malta, jetzt wieder vereint mit Gozo, gelangte für die nächsten 160 Jahre unter die Herrschaft Englands. Völkerrechtswidrig, wie viele Historiker meinten, aber wann haben sich Sieger je um das Völkerrecht gekümmert?

Wandern auf Gozo

Der Tourismus ist eine der wichtigsten Einnahmequellen der Gozitaner. Dabei sind es sehr unterschiedliche Touristen, die nach Gozo finden, wobei der Typ „Mitteleuropäischer Pauschalurlauber", der am Strand liegt und in der Sonne brät, eher die Ausnahme ist.

So einer verirrt sich zwar schon mal nach Malta, selten aber nach Gozo. Und wenn, dann kommt er nie wieder, denn mit Mallorca oder Ibiza kann Gozo nun mal nicht mithalten. Auch den typischen Ballermann-Urlauber sieht man hier glücklicherweise nicht.

Taucher stellen einen nennenswerten Anteil an den wiederkehrenden Besuchern Gozos, denn die Tauchreviere rund um die Insel gehören zum Feinsten, was Europa auf diesem Gebiet zu bieten hat. Diese Kundschaft wird von einer Vielzahl von Tauchschulen und Tauchbasen versorgt, die allerdings überwiegend von Ausländern, auch von Deutschen, betrieben werden. Auffallen tun diese Taucher eigentlich überhaupt nicht, sie buchen typischerweise einen einwöchigen Kurs, sind tagsüber unter Wasser oder schleppen ihre Ausrüstung durch die Gegend und fallen abends erschöpft ins Bett.

Wesentlich mehr fällt da schon die Spezies der Eintagstouristen auf, die hier allerdings nicht sehr gern gesehen ist. Das sind Touristen, die auf der Hauptinsel Malta Urlaub machen und dort eine Ein-Tages-Tour nach Gozo gebucht haben. Wenn sie in großen Scharen vormittags im Hafen ankommen, werden sie, damit sie nicht verloren gehen, mit einem leuchtend bunten Aufkleber markiert und in einen Bus verfrachtet. Sodann werden sie kreuz und quer über die Insel gefahren, an bestimmten Punkten kurz frei gelassen und dann von einer Reiseleiterin wieder eingesammelt, die zu diesem Zweck vorzugsweise einen Sonnenschirm in derselben grellen Farbe der Aufkleber schwenkt. Gegen Abend werden die Eintagstouristen dann im Hafen wieder auf eine der Fähren getrieben, damit sie die Insel vor Einbruch der Dunkelheit wieder verlassen.

Eine besonders lästige Unterart der Eintagstouristen sind diejenigen, die sich zu so genannten Jeep-Safaris zusammenrotten. Das sind, je nach

Anzahl der Touristen, bis zu einem Dutzend der hier häufig gesehenen offenen Maruti-Jeeps, die jeweils mit bis zu sieben Touristen vollgepackt werden. Sodann setzen sich die Jeeps, als Kolonne wohlgemerkt, in Bewegung und fahren über die Insel, wobei die Veranstalter ganz offensichtlich absichtlich die schlechtesten Wege für ihre Route geplant haben. Natürlich erreichen sie auf diese Weise Plätze, die den Bussen mit Touristen nicht zugänglich sind. Aber sie befahren auch Wege, die gar keine sind, wie etwa die Salzpfannen westlich von Marsalforn, die mittlerweile von den schwarzen Reifenspuren der Jeeps gründlich versaut sind.

Nach ihrer Rückkehr nach Malta werden die Eintagstouristen sicher ausnahmslos beschließen, nie wieder nach Gozo zu kommen. Die Bustouristen, weil man sie, wo auch immer sie Halt machten, zu neppen versucht hat, und die Jeeptouristen, weil man ihnen den Eindruck vermittelt hat, Gozo sei ein wildes, unwegsames Land, das, wie ein afrikanischer Nationalpark, nur in der Gruppe und nur mit ortskundigem Führer bereist werden kann.

Dann sind da noch die Malteser. Richtig: maltesische Touristen auf Gozo. Malteser, also Bewohner der Hauptinsel, lieben es, ein Wochenende und in Ausnahmefällen auch einen ganzen Urlaub auf Gozo zu verbringen. Aus diesem Grund, allerdings auch, weil es eine gute Geldanlage zu sein scheint, besitzen viele Malteser eine Zweitwohnung auf Gozo. Solche Zweitwohnungen stehen meist leer, und es gibt Schätzungen, dass statistisch gesehen etwa die Hälfte aller Wohneinheiten auf Gozo unbewohnt ist.

Die Zweitwohnungen der Malteser werden, damit sie nebenher ein bisschen Geld abwerfen, bisweilen auch übers Wochenende vermietet, wiederum an Malteser, nämlich solche, die keine eigene Wohnung auf Gozo haben. Diese Mieter sind dann meist Jugendliche, treten in großen Scharen auf und machen ein Wochenende lang Party. Da wird dann von Freitag Abend bis Sonntag Nachmittag gelärmt und gesoffen, sehr zum Leidwesen der jeweiligen Nachbarn. Maltesische Jugendliche genießen denn auch bei den Gozitanern nicht den besten Ruf.

Schließlich ist da noch die Gruppe der ausländischen Residenten und Halb-Residenten. Das sind Ausländer, ursprünglich überwiegend Engländer, mittlerweile aber ebenso Deutsche wie auch Schweizer, Österreicher, Franzosen oder Holländer, die irgendwann einmal so sehr

Gefallen an der niedlichen Insel gefunden haben, dass sie sich ein altes Haus gekauft haben, um immer wieder hierher zu kommen und womöglich im Alter ganz oder teilweise hier zu leben. So unglaublich das heute auch klingen mag: noch vor 20 Jahren waren alte Häuser auf Gozo außerordentlich preiswert, weil die jungen Leute es vorzogen, in neuen modernen Häusern oder Wohnungen zu leben und die von Eltern oder Großeltern geerbten alten Häuser einfach nur los werden wollten. Als Folge davon gehört heute gut die Hälfte aller alten Bauernhäuser Ausländern oder, siehe oben, Maltesern.

Viele der alten Farmhäuser werden auch von Agenturen an ganz normale Urlauber vermittelt, und schließlich kommen auch als Gäste der Halb-Residenten viele Touristen nach Gozo, die einfach nur mal sehen wollen, was den Freund oder Kollegen, die Großeltern oder die alte Tante wohl bewogen haben könnte, dort eine Immobilie zu kaufen, und wie sie da so leben. Wir, zum Beispiel, haben während der Sommerferien regelmäßig das Haus voll.

Was macht aber der ganz normale Tourist, der Engländer, Deutsche oder Franzose, der in einem der wenigen Hotels der Insel, in einem gemieteten Farmhaus oder als Gast bei einem Halb-Residenten seinen Urlaub verbringt? Er kann natürlich schwimmen und schnorcheln, oder er kann sich ein Auto, Motorrad oder Fahrrad mieten und damit die Insel erkunden. Geschichte und Kultur müssen natürlich auch sein: Ggantija, den Steinzeittempel darf man sich nicht entgehen lassen, von dem immerhin gesagt wird, er sei das älteste erhaltene, von Menschenhand errichtete Bauwerk, tausend Jahre älter als die ältesten ägyptischen Pyramiden. Einmal muss man auch die Calypso-Grotte gesehen haben, in der, da bin ich mir ziemlich sicher, Odysseus nie war. Kirchen wollen besichtigt werden, und sowohl die Zitadelle als auch die Altstadt von Victoria sind einen Besuch wert.

Aber all das ist, wie die Insel selbst, eng begrenzt, und so mancher Urlauber verlässt Gozo nach zwei Wochen mit dem sicheren Gefühl, Alles gesehen zu haben. Nochmals wiederkommen? Wozu denn?

-

Nun gibt es in der Regierung Maltas, und der aufmerksame Leser dieses Buches kennt auch den historischen Hintergrund, ein Ministerium für Gozo. Und auch die „Gozo Tourism Association" GTA spielt bei dem, was ich jetzt erzählen will, eine tragende Rolle. Diese GTA ist die Interessengemeinschaft all der gozitanischen Geschäftsleute, die irgendwie am Tourismus mit verdienen wollen: Hoteliers und Restaurantbesitzer, Vermieter der typischen Farmhouses, aber auch Bus- und Taxiunternehmer, Autovermieter und Reiseführer.

In diesen Kreisen ist man sich einig: Gozo braucht Attraktionen, Beschäftigungsmöglichkeiten also für Touristen, die eben diese Touristen bewegen sollen, ein zweites Mal wieder zu kommen. Vor allem für den Winter müsste Gozo etwas vorweisen können. Die Saison beginnt hier nämlich erst im Juni und endet spätestens im Oktober; das ist genau die Zeit, während der das Wasser an den Stränden warm genug ist zum Baden. Und alles was mit Strand und Schwimmen zu tun hat ist nun einmal die klassische Attraktion für Urlauber auf einer Mittelmeerinsel.

Also: Winterattraktionen müssen her, damit die Hotels, Appartements und Farmhäuser nicht nur halbjährlich Geld verdienen. Dann können auch Restaurants ganzjährig geöffnet bleiben, von denen bisher die meisten im Winter schließen müssen, und auch die Taxifahrer, Köche, Kellner und Putzfrauen hätten dann rund ums Jahr zu tun.

Und diese Winterattraktionen müssen natürlich für die richtige Sorte Touristen geeignet sein, kinderlos müssen sie sein, weil dann ja keine Ferien sind, und die Möglichkeit und die Bereitschaft, auch mal etwas mehr auszugeben, sollten sie auch mitbringen. Schließlich möchte man, wenn schon, auch ein wenig an ihnen verdienen. Was bleibt da? Juppies oder Rentner. Und weil man sich Juppies als typische Gozo-Urlauber nur schwer vorstellen kann, bleiben eigentlich nur die Rentner.

Halt! Jetzt bin ich einen Schritt zu weit gegangen. Das mit den Rentnern hat man in Gozo nämlich noch nicht begriffen. Dazu fehlt allerdings auch noch jede Menge Infrastruktur, von ordentlichen Heizungen in den Unterkünften über mobile Ärzte und Pflegekräfte bis hin zu altersgerechter Tages- und Abendunterhaltung. Hier könnte man ausnahmsweise mal nach Mallorca als Vorbild blicken: dort sieht man am Vormittag rüstige Omas bei der Gemeinschaftsgymnastik im Hotelgarten, nachmittags Omas und Opas (die sich vormittags gedrückt hatten) beim Boule-Spiel, und abends gastieren dann abgehalfterte Schlagersänger im Hotelrestaurant, das dann schon auch mal zum Tanzcafé umgeräumt wird.

-

Die folgerichtige und deshalb an sich geniale Idee, einen Golfplatz auf Gozo einzurichten, hat vor mittlerweile schon zehn Jahren ein gewisser Victor Borg gehabt, Besitzer eines Autohauses, Teilhaber an mehreren Hotels und einer der Handvoll von Geschäftsleuten in Gozo, die ihre Finger in fast jedem größeren Geschäft haben.

Etwa gleichzeitig mit dem gozitanischen Golfplatz wurden auch für Malta zwei unterschiedliche Golfplatz-Projekte vorgeschlagen, und statt sich nun guten Mutes ans Werk zu machen, werden alle diese Projekte seither zerredet. Und es ist wie so oft in der maltesischen Politik: schwarz oder weiß. Man ist entweder dafür oder dagegen, beides leidenschaftlich, mit nur begrenztem einschlägigem Sachverstand, dafür aber ohne auch nur einen Hauch von Kompromissbereitschaft. Die Argumente der Kontrahenten, sowohl die dafür als auch die dagegen, liegen seit langer Zeit auf dem Tisch, werden bisweilen wiederholt und dann von der jeweiligen Gegenseite als irrelevant, falsch oder gar bewusst erlogen gebrandmarkt. Und weil beide Seiten etwa gleich stark sind, nicht nur an Argumenten, sondern auch an Anzahl, Einfluss und Lautstärke, geht Nichts voran.

Wohl gemerkt: es ist Nichts entschieden, auch eine definitive, verbindliche und vor allem rechtssichere Ablehnung der Projekte durch die zuständige Verwaltung gibt es nicht. Das Verfahren schwebt.

-

Wer nun die zündende Idee in die Diskussion eingebracht hat, dass Wandern auf Gozo eine ganz passable Beschäftigung sei, konnte ich leider nicht herausfinden. Es muss aber wohl ein Ausländer gewesen sein, denn der Gozitaner als solcher wandert nicht.

Früher, als es noch keine Autos gab und der Eselskarren, allenfalls noch der Sulki die einzigen verfügbaren Fahrzeuge waren, gingen die Gozitaner zwangsläufig zu Fuß. Ob man nun zum Arbeiten aufs Feld oder zum Jagen oder Fischen auf die Klippen ging, ob man etwas in der Hauptstadt zu erledigen hatte oder Verwandtschaft im Nachbardorf besuchte, Nichts war weiter weg als eine halbe Stunde oder höchstens eine Stunde Fußmarsch. Insofern hat das zu Fuß Gehen hierzulande durchaus eine lange Tradition, und ab und zu sieht man auch heute noch eine Gozitanerin am Straßenrand im Schnellschritt nach Hause eilen, ein

Schnellschritt, der übrigens eine erstaunliche Ähnlichkeit aufweist mit dem heute als Ausgleichssport von den Amerikanern angepriesenen „Walken", das kürzlich auch bei uns in Deutschland in Mode gekommen ist. Aber der seit Jahrtausenden bestehende Zwang, zu Fuß zu gehen, hat offensichtlich bei den Gozitanern eine tiefe Abneigung gegen diese Art der Fortbewegung hinterlassen, und heute fährt man, wo immer das irgend möglich ist, mit dem Auto.

Zumal Wandern Gehen um des Gehens willen ist. Nicht das Erreichen des Endpunktes ist das Wesentliche, sondern das Gehen als solches und das, was man beim Gehen sieht, hört, erlebt und empfindet. Wandern heißt: der Weg ist das Ziel.

Diese Idee des Gehens um des Gehens willen ist dem Gozitaner offensichtlich fremd. Er will irgendwo hin, und das auf die bequemste Art und Weise, was heutzutage bedeutet: mit dem Auto. Ich habe mit eigenen Augen einen „Jäger", hier seien mir ausnahmsweise Anführungszeichen erlaubt, beobachtet, der mit dem Auto in der Gegend um St. Dimitri auf einem Feldweg parkte, dort die Fahrertür öffnete, um sodann vom Fahrersitz aus auf vorbei fliegende Vögel zu schießen.

So ist es auch zu verstehen, dass Gozitaner mit einer gewissen Verständnislosigkeit auf Fremde reagieren, die sich einfach nur so, ohne erkennbares und nachvollziehbares Ziel, zu Fuß durch die Landschaft bewegen. Und da ich einer dieser Fremden bin und diese unverständliche Art der sinnlosen Fortbewegung seit nunmehr 20 Jahren pflege, weiß ich genau, wovon ich rede.

-

Da ist zunächst das Problem, dass es auf Gozo keine geeigneten Wanderwege gibt. Das Straßensystem dient dem Autoverkehr und ist mit ganz wenigen Ausnahmen sternförmig auf den Hauptort Victoria ausgerichtet. Platz für Fußgänger haben diese Straßen nicht, was das Gehen darauf zu einem kleinen Abenteuer macht. Und um, von woher auch immer, nach Victoria zu gehen, muss man eine dieser Autostraßen benutzen; Alternativen gibt es nicht. Ein Trost: Radfahren auf diesen Straßen ist noch viel gefährlicher, denn auch Radfahrer sind im gozitanischen Straßensystem nicht vorgesehen.

Zusätzlich zu den Autostraßen unterhält jedes Dorf ein System von Wegen, das der Erschließung der zum Dorf gehörenden landwirtschaftlichen Flächen dient und ebenfalls sternförmig angelegt ist, diesmal mit dem Kirchplatz des Dorfes als Zentrum. Geht man einen dieser Wege dorfauswärts, so endet man fast unweigerlich auf einem Feld. Durchgehende Verbindungen in den Einzugsbereich des Nachbardorfes sind ganz selten.

Wanderwege, also Wege, die zu dem Zweck angelegt sind, etwa an landschaftlich besonders reizvollen Punkten vorbei zu führen, gibt es nicht. So führt etwa auf den Berg Ta-Dbiegi, der zwar nicht besonders attraktiv aussieht, aber immerhin mit seinen 195 m der höchste Berg Gozos ist, kein Weg. Wer ihn ersteigen will um von oben die tatsächlich grandiose Aussicht zu genießen, muss sich durch Wiesen und Distelgestrüpp aufwärts plagen.

Am meisten erstaunt mich immer wieder, dass es den naheliegendsten Wanderweg nicht gibt: den Gozo-Rundwanderweg. Dieser Weg, wenn es ihn gäbe, würde immer an der Küste entlang einmal rund um die Insel führen. Er würde dem Wanderer mit den Klippen und Schluchten, den Felsenbrücken und Grotten den eindrucksvollsten und spektakulärsten Teil der gozitanischen Landschaft zeigen, seine Küste nämlich, deren nördliche Hälfte immerhin von der UNESCO als besonders schützenswert eingestuft wurde.

Wenn es schon keine eigens angelegten Wanderwege gibt, so könnte man doch die Nutzung der vorhandenen landwirtschaftlichen Wege erleichtern. Aber Wegweiser, die dem Wanderer Auskunft darüber geben, ob ein solcher Weg irgendwo hin führt oder blind endet, gibt es auch nicht. Man ist also auf eigene Ortskenntnis oder aufs Ausprobieren angewiesen. Als Beispiel mag hier die Ghasri-Schlucht dienen, ein spektakulär ins Landesinnere ragender tiefer Einschnitt an der Mündung des Ghasri-Tales. Dorthin führt zwar ein Fußweg, man muss aber als Tourist zunächst einmal von der Existenz dieser grandiosen Landschaft wissen und sodann diesen Fußweg finden, auf den es keinen wie auch immer gearteten Hinweis gibt.

Aussagekräftige Landkarten würden hier helfen, aber die gibt es leider auch nicht. Natürlich gibt es Straßenkarten, in denen die tatsächlich vorhandenen befahrbaren Wege einigermaßen richtig eingezeichnet sind. Aber sowohl diese Karten als auch das, was man als Wanderkarten oder Wanderführer im hiesigen Buchhandel kaufen kann, sind außerhalb der befahrbaren Straßen völlig unzuverlässig. All diese Karten und

Führer sind genau in dem Bereich, der den Wanderer interessiert, oft grob falsch: eingezeichnete Wege existieren einfach nicht, waren entweder nie da oder sind von Farmern untergepflügt oder von Jägern mit Mauern oder Unterständen blockiert worden. Umgekehrt ist es mir allerdings auch schon passiert, dass ich einen Weg gefunden habe, der in keiner dieser Karten eingezeichnet ist.

-

Zurück zum Ministerium für Gozo und der Gozo Tourism Association: irgendjemand muss also den Verantwortlichen dort nahe gebracht haben, dass Wandern eine ganz passable Beschäftigung für Touristen sei. Ja, dass sogar heute schon, so zu sagen ganz von selbst, Touristen ganz gezielt nach Gozo kommen, um hier zu wandern. Warum also nicht das Wandern fördern, vor allem aber mit dem Wandern Werbung für Gozo machen und damit die Zahl der Touristen, auch außerhalb der Saison, vergrößern?

Es muss wohl Anfang 2002 gewesen sein, als ich erstmals davon las: in der Malta Times fand ich einen Artikel, in dem die Ministerin für Gozo, Mrs. Giovanna Debono höchst lobend erwähnt wurde. Sie hatte nämlich gerade den ersten von insgesamt fünf geplanten Wanderwegen auf Gozo eingeweiht, und dabei kräftig unterstrichen, dass das Wandern auf Gozo weiterhin gefördert werden solle, und dass zu jedem der geplanten fünf Wanderwege ein illustriertes Heft erscheinen werde, das den jeweiligen Wanderweg beschreiben und erklären werde.

Nachdem ich zunächst für einen kurzen Augenblick glaubte, mein Traum vom Gozo-Rundwanderweg sei ein Stück näher gerückt, versuchte ich, den Fakten auf den Grund zu gehen. Und das hieß zweierlei: Erstens galt es, den soeben eingeweihten Wanderweg zu finden, dessen Startpunkt der Einfachheit halber in „meinem" Dorf Gharb liegen sollte. Der Startpunkt sollte an der Kirche sein und Hinweisschilder sollten den Verlauf des Weges kenntlich machen.

Zweitens musste ich unbedingt in den Besitz eines solchen Wanderführers kommen, war doch dieser erste eingeweihte Wanderweg genau der Gegend gewidmet, die ich von meinen häufigen Spaziergängen recht gut zu kennen glaubte. Der Wanderweg hieß übrigens, so stand es in der Zeitung, „Ta'Gurdan Walk" und sollte von Gharb über St. Dimitri, den

Leuchtturmberg Gordan und der Kirche Ta'Pinu wieder zurück nach Gharb führen.

Bei der Suche nach dem Startschild habe ich mich, zugegebener Maßen, reichlich ungeschickt angestellt. Ich bin nämlich um die Kirche gegangen, habe die Kirche selbst und die an den Kirchplatz angrenzenden Häuserwände abgesucht und Nichts gefunden. Erst als ich wenig später einen Einheimischen fragte, der wohl selbst bei dem Einweihungs-Spektakel mit der Ministerin dabei gewesen war, zeigte der mir das Schild. Es hängt am Eingang zu einer Nebenstraße und ist, wenn man es erst einmal gefunden hat, nicht mehr zu übersehen. Eine wie auch immer geartete Werbewirksamkeit geht von dem Schild nicht aus, denn dass ein Tourist es unabsichtlich, zufällig, ohne es ausdrücklich gesucht zu haben findet, kann auf Grund seiner Position und seiner Gestaltung mit Sicherheit ausgeschlossen werden. Man könnte auch sagen, das Hinweisschild sei ganz gut versteckt.

Übrigens hängt das Startschild dort zusammen mit dem lokalen Busfahrplan und einem deutlich größeren und lesbareren Schild mit der Aufschrift „Public Toilets". Der Weg zu den public toilets ist wenige Meter weiter, an der nächsten Kreuzung, weiter ausgeschildert; sie sind problemlos zu finden. Ein weiteres Hinweisschild zu unserem Wanderweg sucht man dagegen in ganz Gharb vergeblich. Welchen der mindestens drei Wege nach St. Dimitri die Väter bzw. Mütter unseres Wanderweges vorschlugen, war nicht herausfinden.

Wenn schon die Wegweiser des Ta'Gurdan Weges nicht leicht oder gar nicht zu finden waren, so sollte doch der angekündigte bunte Wanderführer von großem Nutzen sein.

Also machte ich mich auf in das Tourist Information Office Gozos, das sich damals gerade in dem halbrunden Gebäude der Cassa Giuratale am Platz It-Tokk in Victoria befand. Heute ist dieses Office übrigens im Untergeschoss des Tigria Palace untergebracht, einem kleinen Einkaufszentrum an der Hauptverkehrskreuzung Victorias. Warum man die Touristeninformation dort so sorgfältig versteckt hat, konnte mir bis heute noch niemand erklären.

In diesem Informationsbüro jedenfalls fragte ich nach den angekündigten Wanderführern, insbesondere nach dem für den Ta'Gurdan Weg, den es ja nun schon ganz offiziell gab. Die Antwort war nicht wenig verblüffend: ja, die Informationsdame habe von dem Projekt schon gehört, wisse aber mehr auch nicht. Die Büchlein kenne sie nicht, aber wenn überhaupt, so seien sie nur über den örtlichen Buchhandel zu beziehen. Das Informationsbüro selbst gebe nämlich nur kostenlose Informationsblätter heraus, und die erwähnten Wanderführer würden, so weit sie wisse, Geld kosten.

Also auf in die Buchhandlungen Gozos, von denen es hier genau drei gibt. Nach zwei totalen Fehlanzeigen erklärte eine ebenso freundliche wie sachkundige ältere Dame in der dritten Buchhandlung, sie wisse von dem Projekt, die Hefte seien ihres Wissens in Vorbereitung und man rechne mit ihrem Erscheinen im Verlauf des Jahres.

Fazit: der Wanderweg war eingeweiht, die Ministerin hatte ihre gute Presse gehabt, aber es war nicht in Erfahrung zu bringen, wo denn der Weg entlang führte. Ich beschloss also, zumal mein Urlaub zu Ende ging, die ganze Sache zu vergessen.

-

Ein halbes Jahr später dann, es war Herbst und ich war wieder für ein paar Wochen auf Gozo, stöberte ich, wie ich das immer wieder tue, in einem der Buchläden. Auf diese Weise finde ich nämlich oft etwas Neues über Gozo. Und tatsächlich hielt ich es plötzlich in der Hand, ein Heft mit dem Titel „The Island of Gozo, Countryside Walks, Ta'Gurdan Walk". Es sollte ein Pfund kosten und war, da hatte ich Glück gehabt, das letzte verfügbare Exemplar. Keine Frage, dass ich es sofort kaufte.

Endlich! Jetzt hatte ich ihn in der Hand, den Wanderführer, auf den ich so lange gewartet hatte. Von ihm erhoffte ich, mir bisher unbekannte Wege zu finden in der Gegend zwischen Gharb, St. Lawrenz und Ghasri, oder doch zumindest einige zusätzlich Information. Und tatsächlich: ausgezeichnete Fotos, Hintergrundinformation wie die Legenden vom heiligen Öl in der heutigen Friedhofskapelle von Gharb und von St. Dimitri, dem Namensgeber der so exponiert zwischen Gharb und den nördlichen Klippen liegenden Kapelle. Und in der Mitte des Heftes ist auch noch eine Landkarte.

Letztere ist eher von der Art, wie sie ein Zehnjähriger als Hausaufgabe für den Erdkundeunterricht anfertigt: schön bunt, ein wenig unprofessionell, aber ganz offensichtlich mit Liebe und Eifer gezeichnet. Höhenangaben oder wenigstens Hinweise, wo Täler und Berge verlaufen, fehlen ganz. Aber das macht ja Nichts, denn wer den Weg entlang wandert, merkt dann schon rechtzeitig, dass es bisweilen recht ordentlich bergauf oder bergab geht.

Für mich war besonders interessant, dass an einigen Kreuzungen und Abzweigungen jetzt Wegweiser standen. Mir selbst ist es, namentlich in der Gegend um St. Dimitri, schon manchmal passiert, dass ich in der bergigen und unübersichtlichen Landschaft den falschen Weg eingeschlagen habe, der dann abrupt in einem Feld oder einer Vogelfalle endete.

Und genau das, das Vorhandensein von Wegzeichen, ist die neue Qualität, der tatsächliche und nützliche Fortschritt, der durch das ganze Projekt erzielt wird. Jetzt endlich findet sich der ortsunkundige Wanderer zurecht. Wenn jetzt noch, so dachte ich unbescheiden, der eine oder andere Wanderweg neu angelegt und dann natürlich auch geeignet gekennzeichnet wird, dann wird Gozo zu einem Paradies für Wanderer, und auch den Gozo-Rundwanderweg werde ich mit etwas Glück noch erleben.

Prächtig gestimmt, es war ein ungewöhnlich warmer Herbsttag, machte ich mich am nächsten Vormittag auf den Weg. Den neuen Wanderführer unter dem Arm, marschierte ich los um zu sehen, welchen Weg genau man da ausgesucht hatte und, vor allem, um die neuen Wegzeichen zu bewundern, von denen es, so steht es in dem Heftchen, über die Strecke verteilt ganze zwölf geben sollte. Aus Holz sollten sie sein, mit aufsteigenden orangefarbigen Nummern.

Nun, bei der ersten kritischen Weggabelung, gleich nach dem Ortsausgang bei dem Ortsteil Birbuba, dort wo es rechts Richtung St. Dimitri und links zu dem Sendemast des Flugfunkfeuers geht, fand ich den richtigen Weg auch so. Wie gesagt: ich kenne mich leidlich gut aus in der Gegend. Das Fehlen des ersten Wegweisers bereitete mir also keine Probleme. Als ich dann aber schon an St. Dimitri vorbei in das Tal kam, das von Gharb und Ta'Pinu zum Meer hinunter führt, und als ich nach dem Wegweiser Nummer eins auch die Schilder mit den Nummern zwei bis sieben nicht gefunden hatte, gab ich die Suche auf.

Die Fertigstellung des Wanderführers hatte sich ja auch um ein halbes Jahr verzögert, da werden die Wegweiser schon noch irgendwann kommen.

Dass ich dann das Thema „Countryside Walks in Gozo" später nochmals aufgriff, hatte dann einen ganz anderen Grund. Ich versuchte
nämlich, das von Einheimischen immer wieder hoch gelobte und auch in
der gozitanischen Heimatliteratur oft erwähnte Lunziata Valley zu erkunden und musste zu meinem Entsetzen feststellen, dass es wenige
Meter nach dem hübschen Eingangstor gesperrt ist: „private!" steht da.

Ich erinnerte mich, dass es außer dem „Ta'Gurdan Walk", den wir ja
nun schon kennen, auch noch einen „Lunziata Valley Walk" geben
sollte. Also wieder in die Buchhandlungen, und wieder ohne Erfolg:
„die Hefte sind vergriffen".

Als ich aber Wochen später nochmals nachhakte, zeigte sich ein ganz
anderes Bild: neben dem schon bekannten Heft über den „Ta'Gurdan
Walk" gab es jetzt auch den „Dahlet Qorrot Walk", der die Gegend um
Nadur und Qala beschreibt und nach der gleichnamigen Bucht unterhalb
von Nadur benannt ist. Beide Hefte waren jetzt auch in deutscher
Sprache erschienen - und auch verfügbar.

Die drei übrigen, immer noch geplanten Hefte, zu denen auch die von
mir gesuchte Beschreibung des Lunziata Tales gehört, sollten noch im
gleichen Jahr erscheinen.

Froh darüber, dass es jetzt endlich voran geht mit dem gozitanischen
Wandertourismus, erzählte ich der Buchhändlerin, es war wieder die
kompetente und freundliche Dame, die damals als Erste von dem ganzen
Projekt gewusst hatte, von meinen Versuchen, die Empfehlungen des
Buches umzusetzen und davon, dass ich die beschriebenen Wegzeichen
nicht gefunden habe.

Ich kam mir irgendwie reichlich dämlich vor, als dann das Gelächter
losbrach. Die sonst so seriös wirkende Buchhändlerin, zwei
Verkäuferinnen und ein Kunde, offensichtlich Gozitaner, schauten mich
zunächst entgeistert an, um im nächsten Augenblick hemmungslos los
zu lachen. Ob ich das denn nicht wisse –ha, ha! – diese Schilder, diese
Wegweiser – ha, ha! – die gibt es gar nicht. Das weiß doch jeder in
Gozo. Ha, ha!

Die Gozo-Partei des Francesco Masini

Gozo und Malta haben beide, wenngleich auf unterschiedliche Weise, sehr unter dem Zweiten Weltkrieg gelitten.

Malta wurde von schweren Luftangriffen durch Italiener und Deutsche heimgesucht, die vor allem strategisch wichtigen Anlagen der britischen Kolonialmacht galten. Am 11. Juni 1940 begann zunächst die italienische Luftwaffe mit Bombenangriffen auf die Werften und auf den Flughafen, ohne anfänglich allerdings allzu großen Schaden anzurichten. Erst das Eingreifen der deutschen Luftwaffe mit ihren gefürchteten Stukas zu Beginn des Jahres 1941 machte die Situation schier unerträglich.

Die verheerenden Bombenangriffe galten natürlich nicht den Maltesern, sondern dem britischen Stützpunkt. Die beiden Achsenmächte hatten nämlich den Krieg nach Nordafrika getragen und standen nun vor dem logistischen Problem, die dortige Front mit Material, Waffen und Menschen zu versorgen. Die Engländer aber, mit Malta als geografisch optimal gelegener Basis, konnten den Versorgungsweg übers Mittelmeer nach Afrika überwachen und stören. Folglich sollte Malta als Militärbasis ausgeschaltet und, wenn schon nicht erobert, so doch isoliert werden. Und so begann ein Kriegsabschnitt, der in die maltesische Geschichte als die „Zweite Große Belagerung" eingegangen ist. Wir erinnern uns: die „erste" große Belagerung war diejenige durch die Türken und Nordafrikaner im Jahre 1565.

Tatsächlich war Malta eineinhalb Jahre, von Anfang 1941 bis Mitte 1942, völlig von der Außenwelt und von jeder Versorgung abgeschnitten, bis es schließlich drei Schiffen gelang, von Gibraltar kommend, schwer beschädigt den Großen Hafen von Malta zu erreichen. Das letzte und wichtigste dieser Schiffe war der Tanker „Ohio", der ausgerechnet am 15. August, dem höchsten kirchlichen Feiertag Maltas, sein Ziel erreichte, was man gemeinhin göttlicher Fügung zuschrieb und was dem ganzen Unternehmen den Namen „Santa Marija Convoy" einbrachte. Dies war eine Rettung in letzter Minute, denn bis zu diesem Zeitpunkt war der Treibstoffvorrat in Malta auf den Bedarf weniger Tage geschrumpft – ganz zu schweigen von Nahrungsmitteln; gehungert hatten die Malteser schon seit mehreren Monaten.

Mit dem Santa Marija Convoy war die Belagerung zwar noch nicht zu Ende, aber die Kriegsschwerpunkte verlagerten sich zunächst nach Westen, wo die Alliierten in Tunesien und Algerien Fuß gefasst hatten, um von dort aus die Invasion Italiens vorzubereiten. Deshalb konnten Ende 1942 zwei weitere Geleitzüge, diesmal aus Port Said in Ägypten kommend, durchstoßen und allmählich normalisierte sich die Versorgungslage in Malta und Gozo wieder. Mitte 1943 hatten die Alliierten Sizilien erobert und operierten jetzt von dort aus nach Norden, so dass Malta nicht mehr unmittelbares Kriegsgebiet war.

-

Auf Gozo war die Lage während des Zweiten Weltkriegs anders als auf Malta, weil die Angreifer hier kein kriegswichtiges Ziel fanden, das zu bombardieren sich gelohnt hätte. Trotzdem kamen auch hier das Leben und vor allem die doch so notwendige landwirtschaftliche Produktion, wie auch der Fischfang, weitgehend zum Erliegen, weil feindliche Tief-flieger die Bauern auf den Feldern und die Fischer auf ihren Booten mit Maschinengewehren angriffen.

Bisweilen haben feindliche Bomber allerdings, weil sie von britischen Abwehrjägern bedrängt wurden oder einfach technische Probleme hatten, auch Notabwürfe auf Gozo vorgenommen. Durch solche „Zufallstreffer" ist auch Schaden angerichtet worden. So ist etwa die kleine St. James Kirche am It-Tokk, dem Hauptplatz von Gozo, zerstört und erst in den 90er Jahren wieder aufgebaut worden.

Was die Lage in Gozo zusätzlich schwierig machte, war die Zunahme der Bevölkerung auf das Doppelte: zählte die Einwohnerschaft Gozos bei Ausbruch des Krieges noch etwa 25.000, so kam jetzt nochmals dieselbe Zahl von Maltesern hinzu, die sich vor den schrecklichen Bom-bardierungen in Malta in Sicherheit bringen wollten. Einige dieser Flüchtlinge werden wohl Verwandte in Gozo gehabt haben, bei denen sie unterkommen konnten. Manche werden auch, wie wir das von heute kennen, Zweitwohnungen in Gozo besessen haben. Wir wissen aber auch, dass die unzähligen Höhlen, die schon zur Steinzeit bewohnt waren, jetzt wieder wohnlich hergerichtet und bezogen wurden. Und schließlich sind sogar neue Höhlen in den weichen Sandstein gegraben worden.

Ein pikantes Sonderproblem entstand den Gozitanern gegen Ende des Krieges, als die amerikanische Air Force auf Gozo einen provisorischen Flugplatz installierte, um von hier aus den alliierten Angriff auf Sizilien zu unterstützen. Die amerikanischen Boys verhielten sich nämlich völlig anders, als man dies von den Engländern gewöhnt war. Waren letztere im Allgemeinen höflich, zurückhaltend und an der einheimischen Bevölkerung nicht weiter interessiert, so waren die Amis offensichtlich hinter allem her, was einen Rock trug. So manche fromme gozitanische Jungfrau konnte nur mit Mühe in Sicherheit gebracht werden.

-

Nach einem Krieg geht es für gewöhnlich bergauf. Nicht so jedoch in Gozo und Malta nach dem Zweiten Weltkrieg, denn jetzt trat ein Problem wieder in den Vordergrund, das auch schon vor dem Krieg bestanden hatte. Dieses Problem, das man je nach Sicht der Dinge als Kolonialproblem oder als Verfassungsproblem bezeichnen kann, stellte sich wie folgt dar:

Während der britischen Kolonialherrschaft über Gozo und Malta bestand andauernd Uneinigkeit über den Grad der Autonomie, den die Briten dem maltesischen Volk zu gewähren bereit waren. Nicht weniger als sieben Verfassungen hatten die Briten den Maltesern gegeben, die erste 1835 (nach immerhin 35 Jahren weitgehender Rechtlosigkeit der Malteser) und die bis dahin letzte 1939, in der fast alle bis dahin gewährten Zugeständnisse zurück genommen worden waren.

Kernpunkt der Auseinandersetzung um diese Verfassungen war immer wieder die Frage, inwieweit Malteser die lokale Politik selbst bestimmen konnten, ob und wie also ein Parlament zu wählen war, welche Rechte dieses Parlament haben sollte und ob es eine gewählte Regierung mit zumindest lokaler Zuständigkeit überhaupt geben solle. Für die Briten war Malta eben nur eine Militärbasis, eine „Fortress Colony", deren Schlagkraft durch lokale Auseinandersetzungen nur gemindert werden konnte. Ein wie auch immer geartetes Interesse an der einheimischen Bevölkerung bestand nicht. Die Malteser dagegen sahen überall in Europa Liberalismus und Nationalstaaten erbluhen und hatten den legitimen Wunsch, ihr eigenes Schicksal selbst zu bestimmen.

Am Weitesten war die Verfassung von 1921 gegangen, die, ähnlich wie in anderen britischen Kolonien, eine zweigeteilte Regierung vorsah: die imperiale Regierung unter dem britischen Gouverneur war zuständig für alle äußeren Angelegenheiten, insbesondere militärische Angelegenheiten, Außenhandel, Schifffahrt und Telekommunikation, während die maltesische Regierung für innere Angelegenheiten wie Lebensmittelproduktion und –verteilung, Erziehung und Wohlfahrt zuständig war. Sogar die Zuständigkeit für innere Sicherheit in Form einer lokalen Polizei wurde der lokalen Regierung 1921 erstmals zugebilligt.

Grundlage der maltesischen Selbstverwaltung nach der 1921er Verfassung war ein Zwei-Kammer-System mit einem gewählten Parlament von 32 Sitzen und einem Senat von 17 Sitzen. Das Parlament wurde von der wahlberechtigten Bevölkerung gewählt, wobei das Wahlrecht an den Nachweis eines gewissen Vermögens oder gewisser Einkünfte und an einen minimalen Bildungsstand (Lesen und Schreiben musste man können) gebunden war; Frauen waren grundsätzlich nicht wahlberechtigt. Der Senat wurde von Repräsentanten bestimmter gesellschaftlicher Gruppierungen gebildet. Die aus dem Parlament zu wählende Regierung, mit nur innenpolitischer Zuständigkeit, bestand aus einem Premierminister und sechs weiteren Ministern.

-

Die ersten Wahlen 1921 wurden von der kirchlich motivierten Partei UPM gewonnen, ihr Vorsitzender Msgr. Panzaveccia wurde Premierminister. Zu einer Regierungsmehrheit war allerdings die Koalition mit der Partito Democratico Nationalista erforderlich, die 1921 nur in Gozo antrat und dort alle vier Sitze gewann. Diese beiden Parteien waren erklärtermaßen pro italienisch. 1927 aber gewann eine Allianz von Labour Party und Constitutional Party unter Lord Gerald Strickland, beide aus unterschiedlichen Gründen pro britisch. Dieser Lord Strickland, Sohn eines britischen Vaters und einer Malteserin, hatte schon um die Jahrhundertwende eine bedeutende Rolle in der maltesischen Politik gespielt und in der Zwischenzeit Karriere im britischen Kolonialsystem gemacht, wo er es unter anderem zum Gouverneur von Tasmanien und New South Wales gebracht hatte. Lord Strickland, als Brite loyal und als Malteser hoch angesehen, ließ sich als Premierminister in der Folgezeit auf einen Streit mit der katholischen Kirche ein, was zu einem solchen nationalen Chaos führte, dass die Kolonialherren

1930 Regierung und Parlament auflösten, was sie aufgrund der Verfassung durften, und Neuwahlen ausschrieben. Strickland wollte den traditionell sehr starken Einfluss der Kirche auf die Politik schmälern, indem er dem Klerus das passive Wahlrecht streitig machte.

Nicht zuletzt durch die Unterstützung der Kirche (die UPM gab es nicht mehr und die Kirche drohte Wählern der Strickland-Partei mit Exkommunikation), gewann 1932 der kleine Koalitionspartner von 1921, die Partito Democratico Nationalista, die Wahl mit der überwältigenden Mehrheit von 21 von 32 Sitzen. Sie war in den 80er Jahren des 19. Jahrhunderts von dem Gozitaner Fortunato Mizzi gegründet worden und wurde jetzt von dessen Sohn Enrico Mizzi geführt, einem fanatischen pro-Italiener, der in Italien studiert und eine neapolitanische Adelige zur Frau hatte. Diese so genannten Nationalisten, allen voran Enrico Mizzi als Erziehungsminister, griffen jetzt zur Unzeit ein altes Thema wieder auf, wonach nämlich Malta durch Geschichte, Sprache und Kultur italienisch war und deshalb die „Italianita", also die Förderung alles Italienischen in der maltesischen Gesellschaft, gepflegt werden müsse.

Das konnten die Briten natürlich angesichts des aufkeimenden italienischen Mussolini-Faschismus (für den jetzt in Malta ganz offen geworben wurde) und des heraufziehenden Konfliktes, der schließlich in den Zweiten Weltkrieg münden sollte, nicht dulden. Sie setzten die Verfassung außer Kraft, entließen einmal mehr alle Minister, Abgeordneten und Senatoren und übernahmen die innere Verwaltung wieder selbst. 1933 wurde dieser Schritt durch eine reine Kolonialverfassung rechtlich festgeschrieben, in der für eine maltesische Selbstverwaltung überhaupt kein Platz mehr war. Richter, die als italienfreundlich galten, wurden entfernt, und gegen sonstige pro italienische Malteser wurden Geheimprozesse angestrengt. Später, während des Krieges, wurden solche Personen, unter ihnen auch Enrico Mizzi, unter Kriegsrecht deportiert und bis zum Ende der Zweiten Weltkriegs in einem Kriegsgefangenenlager in Uganda interniert.

1939 wurde die Situation abgemildert durch eine weitere Verfassung, in der für gewählte Malteser 10 Sitze in einem zwanzig köpfigen Konzil, einer Versammlung mit ausschließlich beratender Funktion, vorgesehen waren.

-

Dies also war die verfassungsrechtliche Situation am Ende des Zweiten Weltkriegs: eine Kolonialverfassung, in der gewählte Vertreter des maltesischen Volkes allenfalls beratend an der Regierung und der Verwaltung des Landes teilhaben durften. Dem gegenüber stand aber der Ruf, den sich das maltesische Volk durch seine Standhaftigkeit während des Krieges erworben hatte, für die ihm noch während des Krieges vom englischen König das Georgskreuz verliehen worden war, das Malta heute noch mit Stolz in seinem Wappen führt.

Aber auch die gesellschaftliche Situation hatte sich geändert. Die Italianita, das Gefühl der Zugehörigkeit zum italienischen Kulturkreis, war faktisch ausgelöscht, und zwar einerseits durch das konsequente Vorgehen der Briten gegen maltesische Exponenten der Italianita vor und während des Krieges, und andererseits durch ein Gefühl der Waffenbrüderschaft zwischen Maltesern und Briten, das durch die gemeinsamen Kriegsgegner, Italien und Deutschland, und deren Bombardierungen erzeugt worden war.

Die maltesische Sprache war in den dreißiger Jahren von maltesischen Sprachwissenschaftlern endgültig zur Schriftsprache entwickelt worden und dieses Maltesisch war jetzt neben Englisch offizielle Amtssprache. Italienisch war aus dem öffentlichen Leben verbannt.

Malta war jetzt so britisch wie nie zuvor, es herrschte ein gegenseitiges Vertrauen vor, das die Grundlage sein sollte für eine neue Verfassung, die man nunmehr zügig ausarbeiten musste, und die derjenigen von 1921 hinsichtlich der Selbstbestimmung Maltas in Nichts nachstehen durfte.

Mit der Aufgabe, eine solche Verfassung zu entwerfen, beauftragte die britische Regierung einen pensionierten Verwaltungsfachmann, der auf eine lebenslange Erfahrung im Mittleren Osten zurückblickte, Sir Harold MacMichael. MacMichael kam 1946 nach Malta, sicher versehen mit profunden Kenntnissen der maltesischen Verfassungsgeschichte und weitgehenden Vorstellungen für einen Neuanfang. Ihm wurde bald nach seiner Ankunft, am 17. Juli 1946, der Entwurf einer Verfassung vorgelegt, den eine seit 1945 tätige maltesische Nationalversammlung erarbeitet hatte. Das Ergebnis war schließlich die am 5. September 1947 formal erlassene erste Nachkriegsverfassung, die gemeinhin als MacMichael-Verfassung bezeichnet wird.

Was den Grad der maltesischen Selbstbestimmung angeht, orientierte sich die MacMichael-Verfassung erwartungsgemäß an derjenigen von 1921 und griff von dieser vor allem die zweigeteilte Regierung mit imperialer (britischer) Außenpolitik und lokaler (maltesischer) Innenpolitik wieder auf. Auf eine zweite Kammer, dem Senat aus Vertretern gesellschaftlicher Gruppierungen, wurde verzichtet. Das Parlament hatte vierzig Mitglieder, das Kabinett acht. Wesentlicher Unterschied zur 1921-er Verfassung war die Einführung eines allgemeinen Wahlrechts, das jetzt keine Beschränkung mehr aufgrund von Vermögen, Bildung oder Geschlecht kannte. Nun durften auch Arbeiter, Analphabeten und Frauen wählen.

-

Parallel zur formellen Verkündung der neuen Verfassung liefen die Vorbereitungen auf die ersten Wahlen unter dieser Verfassung, die schließlich am 25., 26. und 27. Oktober 1947 stattfinden sollten. Dies soll uns jetzt veranlassen, die Parteienlandschaft Maltas und Gozos zu dieser Zeit unter die Lupe zu nehmen.

Allen voran ist hier die Labour Party zu nennen, die schon in den 20er Jahren einmal an der Regierung Strickland als Koalitionspartner beteiligt war. Diese Partei unter ihrem Vorsitzenden Dr. Paolo Boffa galt jetzt, zumal mit der Ausdehnung des Wahlrechts, als klarer Favorit.

Apropos Strickland: Lord Gerald Strickland, zuletzt als Führer der streng pro britischen Bewegung und der Constitutional Party in Erscheinung getreten und als Premierminister 1930 an seinem Streit mit der Kirche gescheitert, war kurz nach Ausbruch des Krieges, 1940, gestorben. Seine Rolle als Führer der Partei hatte seine Tochter Mabel Strickland übernommen.

Ebenfalls aus der Vorkriegszeit ist uns noch die Nationalist Party (damals noch Partito Democratico Nationalista, aber Italienisch war jetzt out) bekannt, deren Vorsitzender immer noch Enrico Mizzi war, der mit seiner pro italienischen Politik die Briten 1932 zum Eingreifen gezwungen hatte und der die Kriegsjahre deshalb in einem Internierungslager in Uganda zugebracht hatte.

Von der Nationalist Party abgespalten hatte sich eine Gruppierung unter der Bezeichnung Democratic Action Party, die wohl das pro italienische Erbe der Mutterpartei nicht mit tragen wollte, dennoch aber den in der

Labour Party vermuteten sozialistischen Tendenzen entgegen treten wollte.

-

Wenden wir unsere Aufmerksamkeit jetzt wieder unserer Insel Gozo zu, die in der Nachkriegszeit allerdings keinen allzu erfreulichen Anblick bot. Damals wurde eine Bezeichnung populär, die den Sachverhalt höchst treffend beschrieb: die Insel, „blessed by God, but forgotten by men" (von Gott gesegnet, aber von den Menschen vergessen.).

Wir wissen ja schon, dass die britische Regierung in Malta nur einen befestigten Militärstützpunkt sah und sich ansonsten um Land und Leute kaum gekümmert hat. Gozo war für militärische Zwecke uninteressant und somit für die Briten doppelt unwichtig. Aber auch die früheren maltesischen Berater und Verwaltungsmitarbeiter der Briten, ebenso wie die seit 1921 in kurzen Abständen folgenden maltesischen Regierungen verschiedener Couleur waren so sehr mit sich selbst und mit den Zuständen in Malta beschäftigt gewesen, dass auch sie Gozo kaum wahrgenommen hatten. Gelder für die Entwicklung einer Infrastruktur waren alle in Malta selbst aufgebraucht worden.

So liest sich denn auch eine Liste der vordringlichsten Missstände in Gozo zu Ende des Zweiten Weltkriegs wie eine endlose Anklage gegen die Verantwortlichen in Valletta und in London:

- Eine Versorgung mit **Elektrizität** gab es in Gozo erst seit 1926, als ein jedoch völlig unzureichendes Kraftwerk in Betrieb genommen worden war. Zum Vergleich: in Malta war das erste Stromnetz 1882 in Valletta in Betrieb gegangen, sicher weniger um die Einheimischen zu beglücken, als vielmehr die britischen Kolonialherren und insbesondere deren militärische Anlagen zu versorgen. Das gozitanische Stromnetz beschränkte sich allerdings auf Victoria, Nadur, Ghajnsielem und Teile von Xewkija und war überhaupt nur in den Abendstunden in Betrieb. Alternativ vorhandene, mit Petroleum betriebene Straßenlaternen, wurden meist gar nicht angezündet.

- Die **Wasserversorgung** hinkte Jahrzehnte hinter dem Bedarf her und die öffentlichen Quellen und Brunnen, heute viel besuchte Touristenattraktionen, bildeten das Rückgrat der Wasserversorgung für die Bevölkerung. So malerisch das heute auch aussieht, damals bedeutete es stundenlanges Anstehen, um den täglichen Wasserbedarf eines Haushalts zu besorgen. In den trockenen Sommermonaten brach die Wasserversorgung oft ganz zusammen, weil es Speicherbecken nicht gab. Noch dramatischer und gefährlicher war das Absinken des Grundwasserspiegels, weil mangels Rückhaltebecken ein Großteil des Regenwassers an der Oberfläche blieb und ungenutzt ins Meer floss.

- Die **Verkehrssituation** war in jeder Hinsicht abenteuerlich. Befestigte Straßen gab es nicht, Busse fuhren zwar, aber unkoordiniert und unregelmäßig und auch nicht in alle Dörfer. Der Eselskarren war nach wie vor das Haupttransportmittel, wenn nicht gar die eigenen, damals typischerweise noch unbeschuhten Füße.

- Der **Fährverkehr** nach Malta war unzuverlässig, weil sich die Betreiber kaum an die vorgegebenen Zeitpläne hielten und, vor allem, weil die Anlegeplätze auf maltesischer Seite, in Marfa, St. Paul und Xirkewwa, völlig unzureichend waren. Bei schlechtem Wetter musste deshalb der Fährbetrieb oft ganz eingestellt werden.

- Die **Polizei** in Gozo, soweit überhaupt vorhanden, war völlig unzureichend ausgestattet und außerdem, was einer alten gozitanischen Tradition entsprach, weniger dem Staat gegenüber loyal (welchem Staat auch?), als vielmehr in das bestehende Patronatssystem eingebunden. Ein Polizist hatte nämlich in der Regel seine Stelle einem Patron, einem einflussreichen Mann also, zu verdanken, dem er, und nur diesem, Loyalität schuldete. An ein objektives Durchsetzen von Recht und Ordnung im staatlichen Sinn war dabei nicht zu denken.

- Das **Erziehungssystem** litt auf allen Ebenen Mangel. Die zwar in allen Dörfern vorhandenen Grundschulen waren in keiner Weise ausgestattet. Eine Schulspeisung aus Milch, Cerealien und Lebertran, wie sie nach dem Krieg in Malta wie auch in anderen europäischen Ländern angeboten wurde, ist nie bis nach Gozo vorgedrungen. Am beklagenswertesten aber war wohl die Tatsache, dass trotz der mittlerweile gesetzlich verordneten allgemeinen Schulpflicht die Kinder als Arbeitskräfte in der Landwirtschaft gebraucht wurden und deshalb viele, wenn überhaupt, nur sporadisch zur Schule geschickt wurden. Sekundäre Schulen gab es nur zwei, eine kirchliche und eine staatliche, wobei viele Kurse, im Unterschied zu Malta, gar nicht angeboten wurden. Eine technische Schule gab es nicht, und wer seinem Kind eine weiterführende, gar eine universitäre Ausbildung zukommen lassen wollte, musste es spätestens mit 15 Jahren nach Malta schicken.

- Die **Emigration** war schon immer, und sollte es auch später wieder sein, ein Sicherheitsventil zum Schutz vor einer dramatischen Überbevölkerung und der daraus entstehenden Not. Dies gilt für Malta und Gozo gleichermaßen. Unmittelbar nach dem Krieg gab es zwar genügend Auswanderungswillige auf beiden Inseln, jedoch konnte zunächst niemand, auch nicht die britische Kolonialmacht, geeignete Transportmöglichkeiten zur Verfügung stellen. Als dann dieses Problem gelöst war, wurden in Malta Informations- und Vermittlungsbüros etabliert, wo sich Auswanderungswillige informieren konnten, wo Verträge mit Arbeitgebern im Auswanderungsland vermittelt und preiswerte Schiffspassagen zur Verfügung gestellt wurden. In Gozo gab es dergleichen nicht.

So ließe sich die Liste der Dinge, die es in Gozo im Gegensatz zu Malta nicht oder nur unzureichend gab, endlos fortsetzen. Der Gerichtshof, das öffentliche Notariat und die öffentliche Registratur wären zu nennen. Die Arbeitsvermittlung, das Sozialwesen (etwa einhundert gozitanische Familien waren auf die eine oder andere Weise auf Unterstützung angewiesen), die medizinische Versorgung (Ärzte und guter Wille waren da, aber Geräte und ausgebildetes Pflegepersonal fehlten), die Instandhaltung öffentlicher Straßen und Gebäude, das Post- und Fernmeldewesen, all das war in einem erbärmlichen, kaum arbeitsfähigen Zustand. Auch einen niedergelassenen Tierarzt gab es nicht.

Umso erstaunlicher ist es, dass in dieser Atmosphäre von Armut und hilfloser Abhängigkeit eine bemerkenswerte geistige Elite von gebildeten Gozitanern heranwachsen konnte, die nun, in der trostlosen Nachkriegszeit, das Heft in die Hand nahm.

Haben wir eben noch die beklagenswerte Situation des gozitanischen Erziehungssystems aufgezeigt, so können wir doch feststellen, dass das Erreichen einer höheren Bildung, wenngleich beschwerlich, immerhin möglich war, wenn das Elternhaus genügend Motivation und genügend Mittel mit auf den Weg gab.

Der entscheidende Anstoß für das höhere Bildungssystem in Gozo war die Errichtung einer eigenständigen Diözese für Gozo im Jahre 1864 gewesen. Diese hatte nämlich zur Folge, dass kurz danach, 1866, ein bischöfliches Seminar gegründet wurde, das zwar überwiegend geistlichem Nachwuchs gewidmet war, aber auch anderen Schülern offen stand. Geleitet wurde das Seminar zunächst von sizilianischen Jesuiten, die vermutlich ein strenges und effizientes Regiment über ihre Schützlinge führten, bis dann 1909 die lokale Geistlichkeit selbst das Heft in die Hand nahm. Dieses bischöfliche Seminar bot endlich sekundäre und auch tertiäre Ausbildung an, die seinen Absolventen das Tor zur Universität öffnete, und es bot damit den Nährboden, auf dem eine lokale gozitanische geistige Elite heranwachsen konnte.

Einer der Zöglinge des bischöflichen Seminars von Gozo war der Rechtsanwalt Dr. Francesco Masini, am 6. Dezember 1894 als Sohn des Rechtsanwalts Dr. Giuseppe Masini und seiner Frau Francesca geboren. Francescos Mutter Francesca stammte aus der Familie Calleja; ihr Vater, ein Rechtspfleger, war 1875 mit der Familie von Cospigua auf Malta nach Gozo versetzt worden, von wo auch ein Teil seiner Vorfahren stammte. Zu dieser Familie gehörten noch weitere Töchter, von denen eine, Elisa, den gozitanischen Arzt Dr. Nicolo Tabone heiratete und diesem ganze zehn Kinder zur Welt brachte. Dr. Vincent Tabone, genannt Censu, Staatspräsident von Malta von 1989 bis 1994, war ihr jüngster Sohn. Ihr ältester Sohn Anton wurde Chefarzt des Krankenhauses von Victoria, und dessen Sohn wiederum, also Elisas Enkel, ist Anton Tabone, der 1987 erster Minister für Gozo wurde und heute „Speaker" des maltesischen Parlaments ist. Eine weitere Schwester von

Francesca und Elisa Calleja war die Mutter des bekannten maltesischen Dichters Gorg Pisani.

Zurück zu Francesco Masini, der seine Zeit auf dem bischöflichen Seminar offensichtlich mit Erfolg hinter sich brachte, auf die Universität von Malta wechselte und dort im Dezember 1919 sein Studium als Doktor der Rechte abschloss. Vermutlich war es sowohl der Wunsch seines Vaters als auch sein eigener Wille, dass sich Francesco unmittelbar nach dem Studium wie sein Vater als Rechtsanwalt in Gozo niederließ. Ebenso lässt sich vermuten, dass Francesco nahtlos die Anwaltspraxis seines Vaters übernommen hat, der zu diesem Zeitpunkt immerhin schon 70 Jahre alt war. Francescos Vater Giuseppe starb 1927, hat also noch den Anfang der Karriere seines Sohnes miterlebt, und auch dessen Heirat mit Elena Grech aus Valletta im Juli 1926.

Francesco Masini, bald spezialisiert auf Zivilrecht, galt als außerordentlich fleißig. Er stand in dem Ruf, jeden Fall mit großem Interesse und penibler Sorgfalt zu bearbeiten, und zwar ungeachtet der Vermögenslage seines jeweiligen Klienten. Bald galt er bei Kollegen, Richtern und bei der Bevölkerung als der führende Anwalt Gozos.

Man muss allerdings einschränkend hinzufügen, dass der gozitanische Gerichtshof eher übersichtlich war: Zumindest zeitweise waren in Gozo nämlich nicht mehr als drei Anwälte ansässig, zu denen allenfalls gelegentlich in Malta residierende Anwälte hinzu kamen. Es wird wohl recht überschaubar und familiär zugegangen sein, und so mancher Rechtsstreit dürfte auch außergerichtlich beigelegt worden sein.

Denken wir mal einen Schritt weiter: da gab es also drei Anwälte in Gozo. Einer davon unumstrittener Fachmann für Zivilrecht. Wer auch immer einen Rechtsstreit auszufechten hatte und sich das leisten konnte, wird vermutlich genau dessen Beistand gesucht haben. Nun gehören aber zu einem zivilrechtlichen Streit immer zwei Parteien. Deshalb wird es wohl nur ganz wenige Verfahren vor dem gozitanischen Gerichtshof gegeben haben, an denen Dr. Masini nicht als Anwalt der einen oder anderen Seite beteiligt war. Masini gehörte zum Gerichtshof, war ein Teil von ihm.

-

Durch seine berufliche Tätigkeit hatte Francesco Masini eine tiefe Kenntnis der wirtschaftlichen und sozialen Lage der meisten gozitanischen Familien. Auch sein hohes Ansehen und seine freundliche Art trugen dazu bei, dass die Menschen ihm ihre Probleme bereitwillig offen legten. Er kannte also die missliche Lage Gozos und der Gozitaner wie kein Anderer, und sicher hatte er auch immer eine Vorstellung davon, was zur Verbesserung getan werden könnte.

Wie wir schon gesehen haben, war Dr. Anton Tabone, der Chefarzt des Krankenhauses von Victoria, Masinis Cousin. Über die verwandtschaftlichen Beziehungen hinaus verband die Beiden Zeit ihres Lebens eine enge Freundschaft. Auch Dr. Anton Tabone hatte auf Grund seiner Position einen tiefen Einblick in die Gesellschaft Gozos und wird wohl die sozialen und wirtschaftlichen Probleme der Bevölkerung mit ähnlichen Augen gesehen haben.

Diese Beiden, oft auch zusammen mit dem dritten Cousin, Gorg Pisani, saßen häufig noch abends bei den Masinis zusammen, normalerweise in deren Haus in der heutigen Republic Street, im Sommer auf der Terrasse von Masinis Sommerhaus in Marsalforn. Dabei haben sie vermutlich auch Informationen über das gesellschaftliche Leben Gozos, über soziale und strukturelle Probleme, ausgetauscht. Und sie werden sich auch Gedanken darüber gemacht haben, wie sie selbst zur Verbesserung der Situation beitragen könnten.

An einem dieser Abende, es muss Anfang des Jahres 1947 gewesen sein, präsentierte Francesco Masini seinen beiden Cousins erstmals seine Idee, die Gründung einer neuen Partei, einer Partei für Gozo, um mit dieser Partei bei den kommenden Parlamentswahlen anzutreten. Nur so, argumentierte Francesco, könne erreicht werden, dass Gozitaner mit Kenntnissen der Lage der Inselbevölkerung ins Parlament kämen und dort schließlich auch die Interessen der Insel sachkundig und motiviert verträten. Für die bestehenden Parteien, das hatte die Vergangenheit gezeigt, war Gozo stets nur zweitrangig und hatte hinter Themen von gesamtnationalem Interesse – und davon gab es ja weiß Gott genug – zurückzustehen. Nur eine eigene Partei konnte die Probleme Gozos uneingeschränkt ins Parlament tragen.

-

Tabone und Pisani beteiligten sich nicht selbst an der Parteigründung, aber Francesco Masini wird wohl weiterhin mit ihnen zusammen gesessen und diskutiert haben; vielleicht nicht mehr so oft, weil ihm sein politisches Engagement der nächsten Jahre nicht mehr so viel Zeit ließ. Auf der Suche nach Mitstreitern fand Masini zunächst einige Freunde aus seinem beruflichen Umfeld, nämlich den jungen Rechtsanwalt Dr. Anton Calleja aus Kercem (Calleja ist auch der Mädchenname von Masinis Mutter, mir ist aber nicht bekannt, ob Anton Calleja mit Francesco Masini verwandt war), den Notar Guzeppi Cauchi aus Nadur und zwei Rechtspfleger, Guzeppi Cefai und Louis Cutajar, beide aus Victoria. Zu diesen fünf Juristen stießen noch der Architekt Carmelo Attard und der Hotelier Pawlu Portelli, beide ebenfalls aus Victoria.

Am 6. April 1947 gaben die sieben Gründungsmitglieder ihr Vorhaben öffentlich bekannt und am 21. April wurde die Parteigründung erstmals in einer maltesischen Zeitung erwähnt und kommentiert, und zwar in einem Leitartikel der Malta Times, verfasst von der Herausgeberin Mabel Strickland selbst. Mabel Strickland kennen wir ja schon als Führerin der Constitutional Party, und so müssen wir uns nicht wundern, dass ihr Kommentar negativ ausfiel: Sie warnte unter Anderem, eine allzu starke Interessenvertretung Gozos würde nur zur Vertiefung der Kluft zwischen Gozo und Malta beitragen.

Auch sonst war das Echo der etablierten politischen Parteien erwartungsgemäß negativ. Vor allem Enrico Mizzi von der Nationalist Party sah seine Felle davon schwimmen. Gozo war nämlich sein Wahlkreis, in dem er von Anfang an, also seit 1921, jeweils mit einer satten Mehrheit gewählt worden war. 1921 war Mizzi mit seiner Partei sogar nur in Gozo angetreten, und gewann alle (in diesem Fall vier) Sitze. Vielleicht hat er also sogar die Idee von einer gozitanischen Partei als sein eigenes geistiges Eigentum angesehen. Mizzi soll noch versucht haben, Masini von seinem Plan abzubringen, hat ihm wohl auch angeboten, ihn als Kandidaten der Nationalist Party aufzustellen und im Wahlkampf zu unterstützen. Aber Masini war mittlerweile so sehr von seiner Idee überzeugt, dass er sich nicht mehr umstimmen ließ.

Höchst bemerkenswert ist die dann folgende Vorgehensweise von Enrico Mizzi: er kandidierte nicht nur im Wahlkreis Gozo, sondern auch noch in einem maltesischen Wahlkreis (das geht in Malta!), fiel bei der Wahl in Gozo durch, gewann aber in seinem anderen Wahlkreis. So kam er doch noch ins Parlament und konnte seine politische Karriere fortsetzen.

Ein ganz wichtiger Schritt in Richtung Wahlen war die Herausgabe einer Parteizeitung, die erstmals am 28. Juni 1947 und von da an während des nun beginnenden Wahlkampfes in zweiwöchigem Abstand erschien. Sie hieß Lehen Ghawdex (Stimme Gozos) und war im Wesentlichen das Werk des wichtigsten Mitstreiters Masinis, Callejas, der als Herausgeber fungierte.

In der ersten Ausgabe der Stimme Gozos wurde erstmals das Wahlprogramm veröffentlicht, das die sieben Gründer mittlerweile ausgearbeitet hatten:

1. Der römisch katholische Glaube ist Staatsreligion.

2. Die Partei vertritt vor allem die Interessen Gozos. So lange durch die Politik einer Regierung die Interessen Gozos nicht berührt sind, unterstützt die Partei diese Regierung.

3. Die Landwirtschaft Gozos ist zu modernisieren und in allen Belangen zu unterstützen. Ebenso zu unterstützen sind andere Wirtschaftszweige Gozos wie Fischfang, Geflügelzucht, Milcherzeugung, Weinanbau und Spitzenklöppelei. Das Schulwesen ist zu verbessern mit dem Ziel, dass gozitanische Schüler maltesischen Schülern gleichgestellt sind. Auswanderungswillige sind direkt und indirekt zu unterstützen. Die Infrastruktur und die öffentliche Dienstleistung sind zu modernisieren.

4. Sozialgesetzgebung im Sinne päpstlicher Erklärungen ist zu fördern.

5. Bei der Gesetzgebung ist insbesondere auf deren finanzielle Auswirkung zu achten,

Bis auf eine Ausnahme besteht dieses Wahlprogramm aus den üblichen Versprechungen, wie man sie von allen Wahlkämpfen, auch anderer Länder, kennt. Lediglich der zweite Punkt stellt eine Besonderheit dar, legt er doch das Wohlverhalten der Partei bzw. ihrer Abgeordneten fest für Fälle, in denen gozitanische Belange nicht berührt sind. Mit dieser Festlegung wollten Masini und seine Freunde dem von Strickland und Anderen geäußerten Vorwurf begegnen, sie könnten einer bestehenden Regierung im Gegenzug zu Wohlverhalten auf anderen Politikfeldern unangemessene Vorteile für Gozo abpressen und damit der Nation schaden.

-

Nachdem also Francesco Masini jetzt seine Gozo-Partei als ernst zu nehmende Gruppierung in Gozo etabliert hatte und eifrig Wahlkampf betrieb – fast an jedem Wochenende fand eine Kundgebung in einem der gozitanischen Dörfer statt und mindestens einmal am It-Tokk mit mehreren tausend Teilnehmern – könnten wir uns jetzt eigentlich der Wahl selbst zuwenden. Könnten, wenn da nicht auch noch ein gewisser Henry Jones auf der Bühne erschienen wäre, um die gozitanische Wählerschaft zu umwerben.

Dieser Henry Jones, Jahrgang 1915, lebte in Birkirkara auf Malta und strebte, wohl mehr um den eigenen Ehrgeiz zu befriedigen, ein politisches Mandat an. Schon 1939 war er, allerdings erfolglos, für die Nationalist Party angetreten (1939 und 1945 wurden nur 10 Mitglieder des Konzils gewählt, es gab auch nur zwei Wahlkreise), hatte dann aber 1945 als Parteiloser kandidiert und war mit einer ungewöhnlich hohen Stimmenzahl gewählt worden.

Jetzt, 1947, wollte Jones wieder gewählt werden und begab sich im Wahlkreis Gozo auf Stimmenfang. Zuvor hatte er es irgendwie fertig gebracht, Vorsitzender der Vereinigung der gozitanischen landwirtschaftlichen Genossenschaften zu werden. Aus dieser Position heraus war es ihm gelungen, den gozitanischen Bischof Josef Pace vor seine Karren zu spannen und unter seiner Schirmherrschaft im Juni 1946 ein riesiges Volksfest in Victoria zu veranstalten, was ihn in der Beliebtheit bei der Bevölkerung ganz nach oben gehoben hatte.

Kurz vor der Wahl brachte Jones sich bei den Bauern nochmals in Erinnerung und verteilte lastwagenweise Säcke mit Futtermittel – er war unter Anderem Lieferant von Futtermittel und fuhr als solcher mit seinem Lastwagen über die Dörfer – und ließ auch durchblicken, dass er im Falle seines Wahlsieges die Bauern auch weiterhin mit derartigen Geschenken beglücken wolle. Ebenfalls erst kurz vor der Wahl, er war wohl von seinem Erfolg sehr überzeugt, beschloss er, nicht nur als parteiloser Einzelkämpfer anzutreten, sondern sich auch noch mit einer eigenen Partei zu schmücken und weitere Kandidaten aufzustellen. Diese Partei nannte er konsequenterweise Jones-Partei.

Zur Wahl schließlich traten die Gozo-Partei mit sieben Kandidaten und die Jones-Partei mit fünf Kandidaten im Wahlkreis Gozo an (Jones hatte in einem maltesischen Wahlkreis noch drei weitere Kandidaten aufgestellt, die aber allesamt durchfielen). Die anderen Parteien stellten jeweils eine geringere Zahl von Kandidaten auf, sicher nicht zuletzt deshalb, weil sie sich nach dieser Vorgeschichte kaum Chancen ausrechnen konnten, in Gozo erfolgreich zu sein.

Und so teilten sich, als die Stimmen ausgezählt waren, die Gozo-Partei und die Jones-Partei die fünf zu vergebenden Parlamentssitze, nämlich drei für die Gozo-Partei (Francesco Masini, Anton Calleja und Guzeppi Cefai) und zwei für die Jones-Partei (Henry Jones und Francesco Camillieri). An der Verteilung der Erststimmen (genauer: Stimmen erster Priorität im Rahmen des Systems übertragbarer Stimmen, welches das maltesische Wahlrecht kennzeichnet) wird deutlich, wie sehr die beiden unkonventionellen Parteien die Wahl in Gozo majorisiert haben: die Gozo-Partei erhielt 52 Prozent und die Jones-Partei 33 Prozent dieser Stimmen. Keine der anderen Parteien hatte in diesem Umfeld auch nur den Hauch einer Chance; die nächst besten Parteien waren die Democratic Action Party mit 5,8 Prozent und die Nationalist Party mit 5,7 Prozent. Kläglich untergegangen ist die Labour Party mit nur 2,9 Prozent der gozitanischen Stimmen.

Nicht so in Malta, denn dort gewann die Labour Party von den noch zu vergebenden 35 Sitzen ganze 24, eine sichere absolute Mehrheit in dem 40 Sitze umfassenden Parlament von 1947. Ihr Vorsitzender, Dr. Paolo Boffa, wurde Regierungschef. Zweitplazierte wurde die Nationalist Party, deren Vorsitzender Enrico Mizzi in Gozo unterlegen war, aber mit seiner zweiten Kandidatur in einem maltesischen Wahlkreis Erfolg hatte, mit sieben Sitzen. Die verbleibenden vier Sitze gingen an die Democratic Action Party.

Eröffnet wurde das Parlament am 10. November 1947 vom Herzog von Gloucester als Vertreter der britischen Krone. Am 26. Januar 1948 wurde, wie das in britischen Parlamenten seltsamer weise so üblich ist, das von der Regierung Boffa erarbeitete Regierungsprogramm vom Gouverneur Sir Francis Douglas verlesen.

Interessanterweise enthielt das Regierungsprogramm schon einen auf Gozo bezogenen Passus: „Die Besuche des Premierministers in Gozo (bald nach der Wahl) haben ihm die dringenden Erfordernisse der Schwesterinsel offen gelegt und es wird in naher Zukunft eine Untersuchungskommission eingerichtet werden, die einen detaillierten Bericht hierüber anfertigen wird". Dahinter steckte natürlich Francesco Masini, der das Hauptanliegen seiner Partei unverzüglich und vermutlich mit einer gewissen Hartnäckigkeit an Boffa herangetragen hatte.

In seiner Jungfernrede im Rahmen der Aussprache über das Regierungsprogramm am 2. Februar 1948 hat sich Masini dann auch für diese Zusage bedankt - und vorsichtshalber ihre Einhaltung angemahnt. Ebenfalls in seiner Jungfernrede hat er auf einen Fall von Preisdumping durch den größten Weinimporteur Maltas hingewiesen, der die gozitanischen Weinhersteller zu ruinieren drohte, und ein zeitweises Verbot des Weinimports gefordert. Und schließlich hat er unter Hinweis auf Artikel 2 des Wahlprogramms seiner Partei der Regierung seine Unterstützung zugesichert.

Boffa hielt sein Versprechen und setzte tatsächlich, offiziell am 15. Oktober 1948, die Kommission „zur Untersuchung und Berichterstattung über die Erfordernisse der Insel Gozo" ein. Die Mitglieder, der Verwaltungsbeauftragte (Commissioner) für Gozo, Edgar Montanaro als Vorsitzender, Francesco Masini und Henry Jones als Vertreter des Parlaments, Father Accursius Xerri als Vertreter der Kirche und Louis Cassola als Sekretär, hatten sich schon vorher gelegentlich zusammen gesetzt und legten schließlich, nach insgesamt 38 offiziellen Sitzungen, am 10. Juli 1949 ihren Abschlussbericht vor.

-

Der Kommissionsbericht enthält für uns keine Überraschungen, wiederholt er doch all die Missstände, die wir schon kennen und macht überall Vorschläge zu deren Abmilderung oder Beseitigung. In seiner Schlussfolgerung enthält er aber eine ganz interessante Aussage, die es wert ist, hier zitiert zu werden. Er fordert nämlich, die Position des Verwaltungsbeauftragten für Gozo mit konkreter Verantwortung und konkreten Befugnissen auszustatten. Daraus schließen wir, dass dies bis dahin nicht geschehen war – und fragen uns, ob es dann später irgendwann geschehen ist. Jedenfalls orakelt der Kommissionsbericht, dass, wenn keine klare Kompetenz zu seiner Umsetzung geschaffen werde, auch nichts geschehen werde. Sollten, so der Kommissionsbericht, die in ihm enthaltenen Vorschläge nicht umgesetzt werden, so sehe man als einzige Alternative die Einrichtung eines eigenen Ministeriums für gozitanische Angelegenheiten. Wie wir heute wissen, wurde 1987 ein solches Ministerium geschaffen.

In der Geschichtsforschung ist die Frage „was wäre, wenn...?" eigentlich nicht zulässig. Trotzdem ist sie an dieser Stelle unerlässlich, um die konkrete Bedeutung des Kommissionsberichts für die Entwicklung Gozos zu bewerten. Sicher, es haben in den 50er Jahren Entwicklungen, so zum Beispiel die Verbesserung des Straßennetzes und die Ausweitung der Stromversorgung, stattgefunden. Es ist aber kaum auszuschließen, dass all dies auch ohne den Kommissionsbericht passiert wäre. Einen gewissen Druck auf die Verantwortlichen hat er wohl erzeugt, und er wird sicher auch das Selbstbewusstsein der Gozitaner ganz erheblich gestärkt haben.

Zweifellos waren die Einrichtung der Kommission und die Abfassung des Berichts der wichtigste Beitrag des Politikers Francesco Masini zur Entwicklung seines Landes. Wahrscheinlich hätten er und seine Parteifreunde mehr erreichen können, wenn die Mehrheitsverhältnisse im Parlament anders gewesen wären, wenn die Labour Party nicht die absolute Mehrheit gehabt hätte, mit der sie die Opposition auf die Rolle des Kommentierens politischer Entscheidung reduzieren konnte. Masini hat sich, wie wir wissen, zu vielen Gesetzesvorhaben im Parlament geäußert, so zum Erbrechtsgesetz, zum Einkommensteuergesetz, zu Tariffragen im öffentlichen Dienst und auch zum Gesetz zur Einführung einer staatlichen Lotterie. Seine Kommentare waren von profundem juristischem Wissen geprägt, und, soweit Gozo betroffen war, hat er pflichtgemäß für die Belange seiner Heimatinsel argumentiert. Aber er war Opposition, und Boffa diktierte das Geschehen.

-

Das allerdings wurde Mitte 1949 ganz plötzlich anders. Boffa hatte sich einen jungen, hemdsärmeligen Architekten als Minister für öffentliche Bauten und Wiederaufbau ins Kabinett geholt. Dieser junge Kerl hatte mit seinem entschlossenen, oft ruppigen und brüskierenden Auftreten eine gewisse Anhängerschaft in der Partei um sich geschart, hatte schon 1945 einen der zehn gewählten Sitze im Konzil erlangt und bei der Wahl von 1947 eine bessere Erststimmenquote erzielt als Boffa selbst.

Als nun im Sommer 1949, die maltesische Regierung hatte die britische Regierung um einen Beitrag zur Finanzierung des Wiederaufbaus gebeten, eine enttäuschende, ja erbärmliche Antwort der Briten eintraf, gerieten der zurückhaltende und diplomatische Boffa und sein junger, impulsiver Bauminister in einen offenen Streit über die angemessene Reaktion auf das britische Angebot. Im Ergebnis trat der Bauminister am 15. August aus Protest zurück und verweigerte, zusammen mit einigen Anhängern, Boffa die weitere Gefolgschaft. Sein Name war Dom Mintoff.

In der Absicht, die Regierung Boffa zu stürzen, stimmten die Abgeordneten um Mintoff kurz danach bei einer Vertrauensfrage gegen Boffa. Allerdings stimmten die Abgeordneten der Gozo-Partei, getreu dem Artikel 2 ihres Wahlprogramms, für Boffa, und der gewann die Vertrauensabstimmung.

Aber die Messer waren gewetzt, und Mintoff ließ nicht locker. Auf dem nächsten Parteitag der Labour Party, am 9. Oktober 1949, brachte Mintoff einen Misstrauensantrag gegen den Parteivorsitzenden Boffa ein, hatte damit Erfolg, und eine Woche später war er, Mintoff, Vorsitzender der Partei.

Vierzehn Labour-Abgeordnete jedoch erklärten, weiterhin Boffa als Premierminister zu unterstützen, und plötzlich war Boffa Chef einer Minderheitsregierung, die auf 14 von 40 Abgeordneten basierte. Diese Boffa-Getreuen wurden zunächst als Boffa Labour Group bekannt und formierten sich schließlich zu einer neuen Partei, der Maltese Workers Party.

-

Minderheitsregierungen haben ein schwieriges und meist nur kurzes Leben. Das galt auch für die Regierung Boffa. Er konnte zunächst darauf zählen, dass den kleinen Parteien an einem kurzfristigen, vorgezogenen Wahltermin nicht gelegen war und konnte sich mit Taktieren noch eine Zeitlang halten.

Es soll Versuche gegeben haben, die Gozo-Partei in die Regierung einzubinden, Masini oder einem seiner Kollegen ein Ministerium zu überlassen, aber das hat Masini unter Hinweis auf sein Wahlprogramm abgelehnt.

Bei der Debatte über den Haushalt 1950 hat Boffa laut darüber nachgedacht, über den Gozo betreffenden Teil des Haushalts getrennt abstimmen zu lassen. Das hat aber einen solchen Sturm der Entrüstung hervorgerufen, dass er diesen Plan wieder fallen ließ. Massiv verschlechtert hat sich die Stimmung Masinis, als es Boffa gelungen war, den Gozitaner Guzeppi Cefai zum Übertritt in seine Regierungsfraktion zu bewegen.

Bei einer Routineabstimmung schließlich – es ging um nicht mehr als um die Einsetzung einer Haushaltskommission – stimmten Masini und sein verbliebener Freund Calleja gegen die Regierung, so dass der Regierungsantrag mit genau zwei fehlenden Stimmen scheiterte. Am 6. Juni 1950 vertagte sich das handlungsunfähig gewordene Parlament auf unbestimmte Zeit und zwang so den Gouverneur, am 23. Juni das Parlament aufzulösen. Die Ära Boffa war zu Ende und ebenso das Gastspiel der Gozo-Partei im maltesischen Parlament.

-

Boffa (wie übrigens auch Enrico Mizzi) hat Masini in der Folgezeit vorgeworfen, das Scheitern seiner Regierung wegen eines eher nichtigen Anlasses herbeigeführt zu haben, eine Geschichte, die ich mir bis zum Schluss aufheben will. Wir wollen zu Masinis Gunsten annehmen, dass dem nicht so war, sondern dass er und Calleja zu der Überzeugung gekommen waren, dass das schwierige Fortleben der Minderheitsregierung letztlich der Entwicklung des Landes geschadet hätte. Konsequenterweise durften sie, einmal mehr dem Artikel 2 ihres Wahlprogramms folgend, die Regierung nicht mehr unterstützen.

Weder Francesco Masini noch Anton Calleja, die führenden Köpfe der Gozo-Partei, haben nochmals für eine Wahl zum maltesischen Parlament kandidiert. Cefai kandidierte wieder und kam bei der übernächsten Wahl noch einmal, diesmal für die Maltese Workers Party von Paolo Boffa ins Parlament. Cauchi kandidierte zunächst noch einmal, und zwar als Parteiloser, und wurde gewählt. Portelli zog bei der nächsten Wahl für die Democratic Action Party ins Parlament und kandidierte bei den beiden folgenden Wahlen erfolglos für die Constitutional Party. Jeder der drei hier nochmals erwähnten Mitbegründer der Gozo-Partei wurde irgendwann Mitglied der Labour Party und kandidierte für diese Partei bei späteren Wahlen erneut, allerdings ohne Erfolg.

Die Geschichte aber, von der Boffa noch lange behauptete, sie sei der Anlass zum letztendlichen Scheitern seiner Regierung gewesen, darf ich dem Leser hier nicht vorenthalten. Ob sie wahr ist, weiß ich nicht. Sie bietet mir aber die Möglichkeit zu einem augenzwinkernden Hinweis darauf, dass das Patronatsprinzip vielleicht immer noch nicht ganz aus dem politischen Alltag Gozos verschwunden ist:

Am Krankenhaus von Victoria war die Stelle eines Kochs vakant geworden, und es gab mehrere Bewerber für diese Stelle. Einer der Bewerber hielt es für angebracht, sich in dieser Sache an Francesco Masini zu wenden, weil nun mal die Fürsprache eines einflussreichen Mannes als Schlüssel zum Erfolg galt. Masini hat daraufhin, warum auch immer, tatsächlich eine Empfehlung für diesen Bewerber ausgesprochen, was wohl unter normalen Umständen einer sicheren Anstellung gleichgekommen wäre. Trotzdem aber wurde ein anderer Bewerber ausgewählt. Hierüber soll Masini so erbost gewesen sein, dass er beschloss, die Regierung zu stürzen.

Der Bürgerrat von Gozo

Wir hatten einen verhängnisvollen Fehler gemacht. Das wurde uns schlagartig klar, als wir uns, vom Flughafen in Malta kommend, dem Fährhafen von Xirkewwa näherten. Von dort aus wollten wir uns schnellstmöglich vom heißen und staubigen Malta auf unser beschauliches Gozo in Sicherheit bringen.

Aber noch bevor wir auch nur in Sichtweite des Anlegers waren, standen wir in der Schlange. Zwei Kilometer Schlange, Hunderte von Autos, das bedeutete mindestens zwei Stunden Wartezeit bei etwa 35 Grad im Schatten, den es allerdings gar nicht gab.

Ein Bekannter, der uns für eine Woche in Gozo besucht hatte, musste heute nach Deutschland zurück fliegen, und wir waren morgens mit ihm nach Malta gefahren, hatten ein Minimum an Sightseeing in Valletta absolviert und ihn dann am Flughafen abgesetzt. Bei der ganzen Aktion hatten wir vergessen, dass Freitag war. Freitag, der Tag der Völkerwanderung. Freitag, an dem ganz offensichtlich die Hälfte aller Malteser übers Wochenende nach Gozo fährt.

Aber es war nicht nur irgendein Freitag. Nein! Es war der Freitag vor Santa Marija, dem 15. August, den wir bei uns als den nur zweitrangigen Feiertag Mariä Himmelfahrt kennen.

Bei den maltesischen Katholiken, und das sind etwa 99,9 Prozent der Bevölkerung, ist Santa Marija einer der wichtigsten, und bei den Gozitanern schlicht der wichtigste Feiertag des Jahres. Die gozitanische Mutterkirche und Kathedrale ist diesem Feiertag gewidmet, ihre Gemeinde feiert an diesem Tag ihre Festa.

Überhaupt Festas: jede Kirche auf Gozo, und davon gibt es reichlich, feiert im Verlauf der Sommermonate einmal ihre traditionelle Festa, was so etwas wie das bei uns früher übliche Kirchweihfest ist. Im Sommer übrigens deshalb, weil in den anderen Jahreszeiten die bäuerliche Bevölkerung dazu keine Zeit hat, denn da werden alle Arbeitskräfte in der Landwirtschaft gebraucht. Bei den großen Gemeindekirchen ist diese Festa dann gleichzeitig das Gemeindefest, das oft über mehre Tage dauert und begleitet wird von Straßenumzügen der lokalen Musikkapellen, von Feuerwerk (ab morgens um 8 werden unglaublich laute Raketen abgeschossen) und Süßigkeitenständen, und das in dem abschließenden Umzug der Kirchengemeinde seinen Höhepunkt findet, zu dem alle Heiligenfiguren aus der Kirche geholt und im Umzug mit getragen werden.

Und von all diesen Kirchenfesten ist natürlich die Festa der bedeutendsten Kirche Gozos das wichtigste und größte, es ist die Festa Gozos schlechthin.

Wenn Santa Marija auf einen Wochentag fällt (in diesem Jahr war es ein Mittwoch) wird kurzerhand die ganze Woche zur Festwoche erklärt. Und weil das alles mitten in der heißesten Jahreszeit stattfindet, nehmen viele Malteser für diese Woche frei (viele Firmen machen in dieser Woche Betriebsferien) und verbringen ihren Urlaub auf Gozo, wo die Hitze erträglicher ist als in Malta, und wo abends schon auch mal ein erfrischender Wind aufkommen kann.

Zur Verdeutlichung dessen, was dann am Wochenende vor dem Feiertag an der Fähre geschieht, hier die aktuelle Statistik: nicht weniger als 104.000 Passagiere, so gab die Gozo Channel Line hinterher bekannt, waren in der Santa Marija Woche dieses Jahres von Malta nach Gozo transportiert worden. Das bedeutet nicht mehr und nicht weniger, als dass sich die Einwohnerzahl Gozos in dieser Woche etwa vervierfacht hat. Dasselbe gilt offensichtlich auch für die Zahl der Autos.

Schon oft hatten wir Anderen geraten: niemals an einem Freitag Nachmittag, und schon gar nicht am Freitag vor Santa Marija mit der Fähre nach Gozo fahren! Und jetzt waren wir selbst in dieser Falle getappt.

-

Wie erwartet, rückten wir langsam in der Schlange nach vorne und waren nach zwei Stunden so nahe am Anlegeplatz, dass wir mit der nächsten Fähre mitgenommen werden würden. Die Fähre legte an, öffnete ihr riesiges Maul und die Autokolonne setzte sich in Bewegung, nachdem vorher schon Hunderte von Fußgängern aufs Schiff geströmt waren. Links und rechts der Rampe standen Uniformierte und ruderten heftig mit den Armen, wohl um den Ladevorgang zu beschleunigen und eventuelle Drängler in die Schranken zu weisen. Irgendwo muss auch der arme Kerl gestanden haben, der die 104.000 Passagiere gezählt hat.

Einhundertsechzig Jahre britischer Herrschaft haben bei den Maltesern natürlich ein gewisses Maß an britischer Lebensart zurückgelassen, und dazu gehört zweifellos das disziplinierte Schlange Stehen. Umso verwunderlicher war es, dass plötzlich eine Auto, ein schwarzer Mercedes mit getönten Scheiben, an den Anderen vorbei auf die Fähre zufuhr. Nach über zwei Stunden Wartezeit gefiel mir die Vorstellung gar nicht, dass sich da Einer vordrängte. Aber dort vorne standen ja Polizisten und Einweiser der Fährgesellschaft, die schon für Ordnung sorgen würden.

Ein Uniformierter trat denn auch entschlossen auf den Mercedes zu und, jeder Zoll Obrigkeit, blickte grimmig hinein. Statt aber den Fahrer gehörig zurecht zu weisen, trat er plötzlich einen Schritt zurück, versteifte sich, salutierte aufgeregt, brachte die Autoschlange mit gewöhnlichen Sterblichen durch energisches Dazwischentreten zum Stehen und winkte mit der linken Hand – mit der Rechten salutierte er immer noch – den Mercedes aufs Schiff.

Kurze Zeit später wurden dann auch wir aufs Schiff gewinkt – der Polizist salutierte jetzt nicht mehr – und kamen auf dem Parkdeck unmittelbar hinter dem geheimnisvollen schwarzen Mercedes zum Stehen, so dass ich jetzt endlich erkennen konnte, wer die offensichtlich höchst wichtige Person war, die hier mit offizieller Billigung, und übrigens auch ohne einen Hauch von Protest der Wartenden, an der Schlange vorbei aufs Schiff gewinkt worden war. Es war Anton Tabone, der 1987 erster Minister für Gozo geworden und mittlerweile „Speaker" des maltesischen Parlaments war, also so etwas wie der Parlamentspräsident. Zweifellos einer der populärsten gozitanischen Politiker seiner Zeit.

Ich hatte Anton Tabone kurz nach seinem Amtsantritt als Minister für Gozo einmal persönlich kennen gelernt – der deutsche Botschafter in Malta hatte in einem gozitanischen Hotel einen Empfang gegeben und ich war irgendwie zufällig eingeladen – und war ihm später noch ein paar mal begegnet, wenn er eine der zahlreichen kleinen kulturellen Veranstaltungen in Gozo eröffnete. Und mir war aufgefallen, dass es mehrere Denkmäler und Gedenktafeln für irgendwelche Tabones in Gozo gab. Auch der Präsident der Republik Malta hieß von 1989 bis 1994 Tabone. Handelte es sich hier um eine ganze Dynastie von Politikern? Ich beschloss, der Sache auf den Grund zu gehen.

Gehen wir zunächst einmal zurück ins Jahr 1958. Da begegnen wir einem Dr. Anton Tabone, bis dahin Chefarzt des Krankenhauses von Gozo in Victoria, der gerade in den Ruhestand getreten war und sich nun anschickte, eine zweite Karriere als Politiker zu beginnen. Wer war dieser Dr. Anton Tabone?

Geboren wurde er am 16. Januar 1898 in Xewkija als Sohn des Arztes Dr. Nicolo Tabone aus Victoria, zu dieser Zeit noch der für den Bezirk Xewkija zuständige und von der Regierung bezahlte Arzt. Später, 1909, wurde Nicolo Tabone Chefarzt des Krankenhauses von Gozo in Victoria. Nicolos Frau Elisa war eine geborene Calleja. Deren Schwester Francesca, sie hatte den Gozitaner Dr. Giuseppe Masini, einen Rechtsanwalt, geheiratet, war die Mutter des später bekannten Rechtsanwalts und Gründers der Gozo-Partei, Dr. Francesco Masini. Dr. Anton Tabone, der Arzt, und Dr. Francesco Masini, der Rechtsanwalt, waren also Cousins.

Die Eltern von Dr. Anton Tabone hatten insgesamt zehn Kinder, von denen Anton das vierte war. Allerdings war das erste Kind, ein Junge, der ebenfalls schon den Namen Anton trug, als Säugling gestorben. Die beiden verbliebenen älteren Geschwister waren Schwestern, so dass auf Antons Schultern die Last und Verantwortung des ältesten Sohns ruhten. Das letzte der zehn Kinder ist der erst 1916 geborene Vincent (genannt Censu oder auch Censinu), der bereits erwähnte spätere Präsident der Republik Malta.

Ab 1905 besuchte Anton das bischöfliche Seminar von Gozo, das 1866, kurz nach der Gründung der Diözese Gozo im Jahre 1864, als Ausbildungsstätte überwiegend für den geistlichen Nachwuchs eingerichtet worden war, von Jesuiten geleitet wurde und in einem ausgezeichneten Ruf stand. Im Jahre 1909 wurde die Leitung des Seminars von lokalen Geistlichen übernommen.

1915 beendete Anton seine Schulzeit, trat zur Aufnahmeprüfung an der Universität von Malta an, bestand diese mit Bestnoten, studierte nacheinander Pharmazie und Medizin und schloss Ende 1922 als Doktor der Medizin und als Jahrgangsbester ab. Zwei Tage später war er Assistenzarzt am Zentralkrankenhaus in Floriana auf Malta.

Unglücklicherweise starb weitere zwei Tage später sein Vater und hinterließ Anton als ältestem Sohn die Aufgabe, die Familie so lange zu ernähren oder doch zumindest zu unterstützen, bis auch der Jüngste, Censinu, alt genug war, um für sich selbst zu sorgen. Nicht zuletzt deshalb ging Anton bald nach Gozo zurück und trat, nach einer Assistenzarztzeit von einem Jahr, eine Stelle als Arzt am Krankenhaus von Gozo an, das mittlerweile von Dr. Paolo Grima geleitet wurde.

An diesem Krankenhaus, das schon unter seinem Vater Nicolo begonnen hatte, sich von einem rückständigen kleinen Hospital zu einer vollwertigen, mit allen notwendigen Fachrichtungen ausgestatteten Klinik zu entwickeln, blieb Dr. Anton Tabone während seines ganzen Berufslebens. Im April 1943, also mitten in den Beschwernissen des Zweiten Weltkrieges, übernahm er die Stelle des Chefarztes von Dr. Grima, der sich zur Ruhe setzte.

Schon zu Zeiten, als er angestellter Arzt am Krankenhaus war und nebenher bei der Erziehung und Versorgung seiner jüngeren Geschwister mit half, gehörte Dr. Anton Tabone zweifellos zu den angesehensten Bürgern Gozos. Spätestens mit seiner Ernennung zum Chefarzt aber kam ihm eine führende Rolle in der gozitanischen Gesellschaft zu.

-

Wir haben schon früher festgestellt, dass Dr. Anton Tabone durch Verwandtschaft und Freundschaft mit Dr. Francesco Masini verbunden war. Dieser Dr. Masini gründete 1947 eine eigene Partei, deren einziges Ziel es war, den Problemen Gozos im Parlament und in der maltesischen Regierung Gehör zu verschaffen. Zweifellos war Tabone am Entstehen dieser Idee einer Gozo-Partei beteiligt, denn die beiden führenden Köpfe Gozos saßen gern und häufig abends beisammen und haben sich dabei auch über die in Gozo anstehenden Probleme unterhalten. An der Parteigründung selbst hat Tabone sich allerdings nicht beteiligt, denn er hätte, um für das Parlament zu kandidieren, seine Stellung aufgeben müssen. Nach geltendem Recht war nämlich (und so ist das in Malta auch noch heute) eine Anstellung im öffentlichen Dienst mit einem Sitz im Parlament nicht vereinbar.

Und damit sind wir bei der politischen Situation Maltas in den fünfziger Jahren: Die Legislaturperiode, in der die Gozo-Partei mit Francesco

Masini und zwei weiteren Abgeordneten im Parlament vertreten war, hatte von 1947 bis 1950 gedauert, wobei im letzten Jahr die amtierende Regierung Boffa auf die Mithilfe der Gozitaner angewiesen war. Boffa war nämlich als Vorsitzender der Maltese Labour Party MLP Premierminister mit einer regierungsfähigen Mehrheit geworden, hatte dann aber 1949 einen innerparteilichen Putsch des jungen Dom Mintoff hinnehmen müssen und hatte von da an nur noch eine kleine Schar von 14 Getreuen um sich, mit der er dann die Maltese Workers Party MWP ins Leben rief. 1950 war Boffa gescheitert, weil ihm die Gozo-Partei die Unterstützung aufkündigte, und es war zu Neuwahlen gekommen.

Bei der Wahl von 1950 bekam zunächst einmal Dom Mintoff von den Gozitanern einen Denkzettel verpasst. Seine MLP brachte es in Gozo gerade mal auf 3,8 Prozent der Stimmen. Landesweit sah man mit der MLP, Boffas MWP und der Nationalist Party PN drei etwa gleich starke Parteien, von denen die PN mit 12 Sitzen knapp die stärkste Fraktion bildete (MLP und MWP hatten jeweils 11 Sitze). Noch einmal ging jetzt der Stern des PN-Vorsitzenden Enrico Mizzi auf (wir erinnern uns: der Italienfreundliche), der jetzt Chef einer Minderheitsregierung wurde.

Im Zusammenhang mit diesen Wahlen und der Rolle Mizzis ist hier noch eine Besonderheit zu erwähnen, die so wohl nur im maltesischen Wahlsystem vorkommen kann: Mizzi kandidierte, wie auch schon 1947, in zwei Wahlkreisen, nämlich in Gozo und einem maltesischen Distrikt. Und diesmal wurde er (1947 war er in Gozo an der Dominanz der Gozo-Partei gescheitert) in beiden Wahlkreisen gewählt. Aber selbst das maltesische Wahlrecht lässt nicht zu, dass ein Abgeordneter auf zwei Stühlen im Parlament sitzt, so dass Mizzi einen der Stühle, nämlich den des maltesischen Wahlkreises, einem Nachrücker überlassen musste.

Unglücklicher Weise starb Mizzi schon drei Monate nach seinem Regierungsantritt und sein Nachfolger als Chef der PN und als Premierminister wurde Dr. Giorgio Borg Olivier, der allerdings kurz danach an einer Vertrauensabstimmung scheiterte, so dass schon im März 1951 erneut Wahlen abgehalten werden mussten.

Auch die Wahlen von 1951 brachten keine deutliche Entscheidung, ihr Ergebnis unterschied sich wenig von dem von 1950, so dass Borg Olivier eine Koalition mit Boffas MWU eingehen musste, um Premierminister zu werden. Dieser Regierung Borg Olivier ist es zu verdanken, dass jetzt erstmals konkrete Schritte unternommen wurden,

Malta aus dem Kolonialstatus heraus zu führen: Borg Olivier beantragte bei der britischen Regierung, Malta in einen Mitgliedsstaat des Commonwealth zu überführen. Eigenartiger weise lehnte die britische Regierung das Ansinnen Borg Oliviers ab und schlug ihrerseits vor, Verhandlungen über den Anschluss Maltas an das britische Mutterland aufzunehmen.

Zwischendurch, 1953, scheiterte die Regierung Borg Olivier einmal mehr an einer Vertrauensfrage. Neuwahlen folgten, die aber weder an den Mehrheitsverhältnissen im Parlament, noch an der Koalition oder der Regierung etwas Entscheidendes änderten. Erst als es Ende 1954 zu einem Auseinanderbrechen von Boffas MWP kam, die ja ursprünglich eine Absplitterung der MLP war, scheiterte die Regierung Borg Olivier endgültig und Neuwahlen wurden für Februar 1955 angesetzt.

Inzwischen war es Dom Mintoff gelungen, seiner MLP zu erneuter Popularität zu verhelfen, indem er sich die Weigerung der Briten, Malta ins Commonwealth zu entlassen, zu Nutzen machte und deren Gegenvorschlag einer Integration in Großbritannien zu seinem eigenen politischen Programm erklärte. Der Demagoge, der er ganz zweifellos war, brachte es auf eine simple und einleuchtende Formel: ein Londoner Werftarbeiter bekam einen Wochenlohn von fünf Pfund, ein maltesischer Werftarbeiter dagegen nur vier Pfund. Wenn Malta an Großbritannien angeschlossen würde, so Mintoff, bekäme auch jeder Malteser seine fünf Pfund.

So einfach war das. Und weil kaum ein Wähler auf eine Lohnerhöhung von 25 Prozent verzichten wollte, gelang Mintoffs MLP 1955 etwas, was man in heutigen Wahlkommentaren gern als einen erdrutschartigen Sieg bezeichnet: sie brachte es auf 23 der 40 Sitze im Parlament und damit auf eine regierungsfähige Mehrheit, die nicht auf Koalitionspartner angewiesen war.

Die verbleibenden 17 Sitze gingen übrigens allesamt an die PN, das maltesische Zweiparteiensystem war geboren. Das spezielle Wahlsystem Maltas bringt es nämlich mit sich, dass auf Dauer kleine Parteien (mal abgesehen von Sonderformationen wie der Gozo-Partei) kaum eine Chance haben, Sitze im Parlament zu erringen. Nur noch einmal, 1962, sollten Vertreter kleinerer Parteien Erfolg haben; seither sind bis heute nur noch die beiden großen Parteien MLP und PN im maltesischen Parlament vertreten.

Dom Mintoff, nun also seit 1955 Premierminister, führte alsbald Verhandlungen über die Eingliederung Maltas in Großbritannien, zu denen der damalige britische Premierminister Sir Antony Eden nach London eingeladen hatte.

Nun sollte man ja annehmen, dass eine solche Annäherung an das britische Mutterland, auch jenseits von Mintoffs demagogischer Formel „fünf Pfund sind mehr als vier Pfund", von der maltesischen Bevölkerung begrüßt worden sei. Genau da aber brach ein alter Streit wieder auf, in den Ende der 20er Jahre schon der damalige Premierminister Sir Gerald Strickland verstrickt war, der Streit nämlich über das Verhältnis zwischen Staat und Kirche. Die katholische Kirche, formuliert wurde das Ganze in einem gemeinsamen Hirtenbrief der Bischöfe von Malta und Gozo, machte deutlich, dass sie einer Verfassung für Malta, in der die angestammten Rechte der katholischen Kirche nicht ausdrücklich garantiert waren, nicht zustimmen würde.

Als nun, als Ergebnis der Londoner Integrationsverhandlungen, 1956 eine Volksabstimmung über die geplante Integration Maltas durchgeführt wurde, predigten, wie auch schon zu Stricklands Zeiten, die Pfarrer von ihren Kanzeln gegen die Integration, weil sie eine Entmachtung der katholischen Kirche in Malta befürchteten. Und wieder einmal bedrohte die Kirche jeden, der nicht in ihrem Sinne stimmte, mit Exkommunikation.

Und so endete die Volksabstimmung zwar mit einer relativen Mehrheit für die Integration, aber ebenso viele Stimmen waren Enthaltungen oder ungültig. Dieses wenig überzeugende Ergebnis des Referendums veranlasste das britische Unterhaus zu einer rechtlich bedenklichen und höchst verhängnisvollen Interpretation des maltesischen Wählerwillens: da der Ausgang des Referendums keine deutliche Meinung erkennen ließe, könnten erst die nächsten allgemeinen Wahlen endgültig Aufschluss bringen. Die Volksabstimmung wurde in London also ignoriert und die Entscheidung vertagt.

Trotzdem führte Mintoff weiter unverdrossen Detailverhandlungen, und Ende 1957 stand man kurz vor einer endgültigen Einigung darüber, wie im Einzelnen der Anschluss Maltas an Großbritannien vor sich gehen sollte. Da aber entstand eine Meinungsverschiedenheit hinsichtlich des weiteren militärischen Engagements Englands in Malta. Zwar hatte auch noch nach dem Zweiten Weltkrieg Malta als Militärstützpunkt eine wichtige Rolle gespielt, zuletzt in der Suez-Krise von 1956, in der die Briten ihre Bombenangriffe von Malta aus geflogen hatten. Jetzt aber wollten die Briten ihre militärischen Aufwendungen überall auf der Welt, und so auch in Malta, merklich zurückfahren. Das aber, so sah Mintoff deutlich, würde in Malta zwangsläufig Tausende von Arbeitsplätzen kosten.

Der Streit spitzte sich zu, und sicher hat Mintoffs wenig verbindliche Art nicht eben zur Schlichtung beigetragen. Er eskalierte in einer unfreundlichen Resolution des maltesischen Parlaments, deren Mehrheit ja aus Anhängern Mintoffs bestand, an die britische Regierung, in der mit nicht weniger gedroht wurde als mit dem Abbruch aller Verbindungen zu England. Als schließlich daraufhin verschiedene Versuche, die Verhandlungen wieder in Gang zu bringen, erfolglos blieben, trat die Regierung Mintoff im April 1958 zurück und die MLP erklärte, von jetzt an auf die völlige Unabhängigkeit und Neutralität hinzuarbeiten.

So wurde 1958 zu einem schlimmen Jahr für Malta, mit landesweiten Demonstrationen und auch gewalttätigen Ausschreitungen. Denn die maltesische Bevölkerung war jetzt tief gespalten zwischen den Anhängern Mintoffs, die nunmehr die völlige Unabhängigkeit anstrebten und sich vor allem ganz von England losgesagt hatten, und den Anhängern der PN, immer noch unter der Führung von Borg Olivier, die nach wie vor die Bildung eines Commonwealth-Staates wollten. Sir Robert Laycock, zu der Zeit britischer Gouverneur von Malta, blieb angesichts der Zustände im Land keine andere Wahl, als den Notstand auszurufen. Im Februar 1959 schließlich wurde die Verfassung von 1947 außer Kraft gesetzt und Malta war wieder einmal (zum wievielten Mal eigentlich?) eine Kolonie ohne eigenes Recht.

Aber halt! Jetzt bin ich zu weit vorgeprescht, wollte ich doch nur die politische Situation erklären, wie sie 1958, genauer gesagt im Oktober 1958, in Gozo vorherrschte. Da nämlich, mitten in den Wirren nach dem Rücktritt Mintoffs, in dieser auch für Gozo chaotischen Zeit, begann die Karriere des Politikers Dr. Anton Tabone, des Chefarztes im Ruhestand, dem dieser Ruhestand nicht vergönnt war.

-

Tabones eigener Schilderung nach war es an einem schönen Morgen Anfang Oktober, als ihn ein Freund anrief und um ein Gespräch in einer dringenden Angelegenheit bat. Als man sich dann am späten Vormittag traf und der Freund den Plan zu einem außergewöhnlichen Projekt darlegte, schien es Tabone so, als gäbe dieser seine, Tabones, eigene Gedanken wieder. Gedanken, die er allerdings bisher noch mit Niemandem geteilt hatte.

Dieser Freund hieß Joseph Vella-Muskat und war Verwaltungsangestellter in Gozo. Und die Idee war die der Gründung einer Bürgerversammlung für Gozo (Gozo Civic Committee), einer Organisation, welche die Geschicke der Insel selbst in die Hand nehmen und aus dem bestehenden (und nach Lage der Dinge offensichtlich noch lang anhaltenden) Chaos im Land wenigstens in Gozo eine gewisse Ordnung und Selbstverwaltung aufbauen sollte. Wenn es dann wieder eine funktionierende Zentralregierung gäbe, so würde diese gozitanische Bürgerversammlung auch die geeignete Institution sein, um die Interessen und Bedürfnisse der Insel gebündelt und in angemessener Form dort vorzubringen.

Irgendwie erinnert der Denkansatz für die Bürgerversammlung natürlich an denjenigen von vor 11 Jahren, als die Gozo-Partei zu genau dem Zweck gegründet worden war, gozitanische Belange im Parlament und vor der Regierung zu vertreten. Jetzt waren die Verhältnisse wieder ähnlich katastrophal, nur gab es kein Parlament und keine Regierung mehr, so dass man nirgendwo gehört werden konnte und zumindest die lokalen Belange nun auch lokal bewältigt werden mussten.

Aufgrund seines Regierungsamtes konnte sich Vella-Muskat nicht unmittelbar selbst beteiligen. Aber er konnte Tabone für die Bürgerversammlung begeistern und ihm schon drei gemeinsame Freunde vorschlagen, die wohl bereit wären, an den Vorbereitungen zu einer solchen Versammlung mitzuwirken. Auf Dauer sollte die Versammlung natürlich demokratisch legitimiert sein, aber bis dahin war noch eine Menge Vorarbeit zu leisten.

So kam es denn, dass sich am Abend des 30. Oktober 1958 vier Herren, vermutlich im Gebäude der ehemaligen Banca Giuratale, dem halbrunden Regierungsgebäude am It-Tokk in Victoria, zusammensetzten: Dr. Anton Tabone, den sie später zu ihrem Vorsitzenden wählten, Dr. Guzeppi Cauchi, der Notar aus Nadur, der seinerzeit auch Gründungsmitglied der Gozo-Partei gewesen war, Rikkardo Buhagiar, der aus Zebbug in Malta stammte und jetzt Schulleiter in Gharb war, und schließlich Gorg Xerri, ein Lehrer aus Victoria. An diesem Abend konstituierten sie sich zu einer vorläufigen gozitanischen Bürgerversammlung, verteilten Zuständigkeiten und verabschiedeten eine Satzung, die vor allem die künftige Zusammensetzung der nunmehr weiter aufzubauenden Bürgerversammlung regelte. Vordringliche Aufgabe war es jetzt, weitere geeignete Personen zur Mitarbeit zu gewinnen, wobei die Satzung vorsah, dass die Bürgerversammlung aus jeweils einem lokal gewählten Repräsentanten der 14 verschiedenen Gemeinden bzw. Bezirken Gozos bestehen sollte.

Tatsächlich gelang es innerhalb kürzester Zeit, die 14 zu der Zeit existierenden Gemeinden dazu zu bringen, je einen Delegierten in die Bürgerversammlung zu entsenden. Diese Delegierten waren zunächst nicht gewählt (das konnte erst später geschehen), sondern lokal auf der Basis von Konsens bestimmt.

Die Satzung der Bürgerversammlung sah auch vor, dass zu den 14 Gemeindevertretern noch 4 weitere Mitglieder hinzukommen sollten, und zwar ein Vertreter des Bischofs von Gozo und ein aus der Mitte der Gemeindpfarrer Gozos zu bestimmender Geistlicher, sowie 2 kooptierte Mitglieder, die von der bestehenden Versammlung mit Zweidrittelmehrheit zu wählen waren. Der Bischof, welcher der Gründung der Bürgerversammlung wohlwollend gegenüber stand, entsandte Dun Nikol Cauchi, der zu der Zeit Gemeindpfarrer von Fontana war und später selbst Bischof von Gozo werden sollte. Die Versammlung der Gemeindpfarrer wählte aus ihrer Mitte Dun Speditu Tabone, Gemeindpfarrer von Ghajnsielem.

Und so trat am 23. November 1958 die Bürgerversammlung von Gozo zum ersten Mal satzungsgemäß zusammen. Mit der Wahl der noch fehlenden zwei kooptierten Mitglieder war die Versammlung dann vollständig. Es waren dies Joseph Vella-Muskat, der geistige Vater der Bürgerversammlung, sowie ein gewisser Joseph J. Vella. Man wählte noch einen Exekutivausschuss unter dem Vorsitz von Dr. Tabone und beschloss, die bestehende Satzung zunächst unverändert beizubehalten. Außerdem beschloss man, sich jeden zweiten Sonntag zu versammeln.

Schließlich formulierte die Versammlung auf ihrer ersten Sitzung ein Schreiben an seine Exzellenz, Sir Robert Laycock, den Gouverneur von Malta, den man in diesem Schreiben um die offizielle Anerkennung der Bürgerversammlung von Gozo ersuchte. Die Antwort des Gouverneurs fiel eher zurückhaltend aus: er sei rechtlich nicht in der Lage, die Versammlung offiziell anzuerkennen, habe ihre Gründung aber zur Kenntnis genommen und wolle ihre Aktivitäten mit Interesse verfolgen.

Und weiter ging die Aufbauarbeit: es wurde beschlossen, in jedem der 14 Distrikte Unterorganisationen zu formieren, die dann später als Distriktversammlungen bekannt werden sollten. Diese Distriktversammlungen sollten von der lokalen Wählerschaft gewählt werden. Ebenso sollten auch die Delegierten zur Bürgerversammlung im nächsten Schritt durch Wahlen bestimmt werden. All das geschah in der ersten Hälfte des Jahres 1959, und so konnte am 12. Juni endlich die erste gewählte, also demokratisch legitimierte Bürgerversammlung Gozos zusammentreten. Auch der Bischof wollte das Seine beitragen und las am 14. Juni in der Kathedrale eine Messe für die Bürgerversammlung und besuchte am selben Tag die Versammlung, um seinen Segen zu spenden.

Trotz erneuter Bitte erhielt die Bürgerversammlung noch nicht die offizielle Anerkennung der Kolonialregierung, aber am 18. Juli 1959 kam der neue Gouverneur, Sir Guy Grantham, nach Gozo und trat dort vor die Versammlung. In einer Ansprache versprach er, bei der Suche nach Möglichkeiten zur Selbstbestimmung der Gozitaner mitzuhelfen.

Endlich, am 14. März 1960, wurde die Bürgerversammlung per Regierungserlass unter der Bezeichnung „Bürgerrat von Gozo" (Gozo Civic Council) und mit Wirkung ab 4. April 1960 offiziell ins Leben gerufen.